図説

食からみる台湾史

料理、食材から調味料まで

吃的台灣史

翁佳音、曹銘宗 著
川浩二 訳

原書房

［図説］食からみる台湾史

料理、食材から調味料まで

図説 食からみる台湾史

——目次——

二部 「いかに食べるか」の台湾史

食べながら台湾の歴史を探る

翁佳音

私は大学時代にようやく故郷である彰化の農村を離れたが、すでに大口で飯を食らい、腹がふくれれば事足りるという習慣を身につけてしまっていた。そのため美食の基礎と修養に欠けており、まして料理はからっ下手で息子も眉をひそめるほど、そんな私には実のところこうした読み物を書く資格などないはずだ。台湾では俗に、くちばしの曲がった鶏はうまい米は食えぬ、とか、意地の汚い犬が豚の肝の骨を食べたがる、とか、なまけ猫が海の底の魚を食いたがる、などという。いずれもかなわぬ妄想の意味だが、私はそんな風にばかな間違いは犯すまいと心に誓っていたものだ。だがそんな私がこのたび、すでに物故した友人である林富士教授と、古くからの友人である曹銘宗兄二人の提案を受けて、飲食と台湾史とを主題にした本を共同執筆することになった。

一方の主題である料理については、曹銘宗兄にとってはお茶の子さいさい、何せ退職後は料理店を開こうかと考えておられるほどだ。これほどの飲食の達人とパートナーになって飲食文化を探れば、学術界から、少なくとも昔ながらの「厨房を遠ざく」ような研究者から、人の飯の種をかすめるのか、と罵られる心配は無用というものだ。

私がこの仕事に加わろうと思ったもう一つの理由が、歴史学におけるある考え方だ。ずっと以前のことになるが、私はフランスの歴史人類学から影響を受けたこともあり、その中でもアラン・コルバン（一九三六ー）の「感覚と感性の歴史」という概念に共鳴するところが大きく、私はそれを「感覚器官とその働きの歴史」と言い換えてきた。

私はよく学生にこんなふうに言う。我々の歴史は容易に口を開かず、その姿は色彩に乏しく無味乾燥であり、感覚器官に訴えるのは難しい、と。

私自身、四十歳を過ぎてから聴力が年ごとに衰え、今では聴覚を失ったのに近い状態だ。しかし歴史の声にはかえって敏感になってきたようだ。そして私はこんなことを問いかけ始めた。近現代のような時間をはかる機械がなかったころの農村社会では、時間の音というのはどのように響いていたのだろうか？　歴史上の戦争は、いつごろから銃砲の音を響かせるようになったのだろうか？　――ちなみにオランダ統治時代から、と答えるなら、その答えはバツ！　と言っておく――台湾が初めて世界史の舞台に上がったころ、それぞれの民族やエスニックグループはどのように意思疎通をはかっていたのだろうか？　系統立ててそうした声を語ってくれる歴史読み物はとても少ない。

色彩についても同様だ。最近ではＡＩ技術の発展により、モノクロからカラー化した歴史的な写真が出版されている。思うに、それらを見たことのある人は、みなどこか不自然で、歴史の現場そのものの色彩とは異なるように感じるのではないだろうか。コンピューターで「復元」したカラー写真が不自然に思えるのは、景色が均一で、色あいの差がなく、世の中の色の濃淡が見えないからだ。その原因は歴史研究者の、物質文化――たとえば衣服の材質や色使い、日常生活の道具や生態環境など――に対する知識が不足しているためで、それが「復元」された歴史的な写真の色彩を奇妙でリアルさのないものにしてしまっているのではあるまいか。

最後はにおいや味だ。多くの読者にも私と同じような感覚の経験があるのではないだろうか。高層マンシヨンがすき間なく立ち並ぶようになる前、街中でも農村でも、家々からはネギやショウガ、ニンニクを炒める生きた日常生活のにおいがまだ漂っていた。産後の母親に食べさせる麻油鶏《マーヨウジー》(鶏のごま油酒煮こみ)を作る酒のにおいはしばしばそのコミュニティに新たに子どもが生まれたことを伝えるものだった。しかし、こうしたにおいと、道端の動物や人の糞尿のにおい、小さな病院の消毒のにおいなどは、ほとんど今の公衆の嗅覚から消えてしまった。

オランダ統治時代の台南を表す「台湾(タイオアン)」や「台湾街(スタット・ゼーランディア)」は、日本の長崎と密接な関係を持っていた。長崎には多民族の雑居から来る「長崎の匂い」という言葉があったが、台湾でも似たような風景があったはずだ——古都台南に内外から多くの民族が雑居していたころ、どんな匂いが漂っていたのだろう？　それについて歴史家が語ってくれたことはあるだろうか？

つまりこうした歴史学的な理由によって、私は音、色、そして味やにおいという「感覚器官とその働きの歴史」の探索に着手すべきだと考え、まずこの「味」から語り始める歴史書が生まれたのである。

私と曹銘宗兄は長年にわたって協働しており、本書は我々にとって二冊目の共同執筆ということになるが、じっさいにはさらに二つの研究の基礎を共有している。

一つ目として、私は長年、語源学と固有名詞学の影響を受けており、地名、人名と物の名前の命名の由来の探求に力を注いできた。曹銘宗兄も同様で、彼の出版済みの二冊の本は「食物名」と「海産物名」の由来を探るものである。ここから読者諸氏は我々の立場が近しいものであるということを看取されよう。

二つ目には、我々二人が海産物への好奇心と関心を共有していることである。そのため本書は海洋と魚類の歴史の物語に多くの紙幅を割いている。ヨーロッパ人が書く大航海時代については、船員や水夫たちが一日三食何を食べ、どんな酒を飲んでいたか、文献が明らかにしてくれている。それは船上でのメニューの資料があるからだ（今日欧米の飛行機やクルーズ船でもメニューを印刷して渡すのはこうした伝統をふまえているのだろう）。しかし台湾の海での食物を研究するには、それほど多くの資料はない。ふだん文献を読んでいるときにひたすらメモをしておくしかなく、現在のところ数種の料理を挙げられるにすぎない。

我々の考えるところでは、十六世紀以来、オランダ東インド会社がまだ台湾を占領するまでのある程度の時期に、台湾の原住民族と華人（彼らがすべてオランダ統治時代以降に台湾に移住したわけではない）がすでに魚醤《ぎょしょう》を作っており、漁民たちはよい値のつく魚類や半加工品を中国に運んでいたと考えられる。たとえば烏魚ことボラ、烏魚子ことからすみ、サワラ、それから魚翅ことふかひれやイワシなどがオランダ語の文献から見いだせる。また一般の安価な魚は取っておいて自分たちが食べていただろう。

さらに、オランダ語の資料からは、台南の麻豆港や嘉義の義竹の龍蛟潭一帯に、すでに魚の養殖池「塭仔《ウンナ》」があったことが分かり、明代から福建や広東の海岸において民間で行われていた養殖法が台湾に伝わっていたと予測できる。日本統治時代以前から、台湾の漁業の輸出入と民間での魚の食習慣は、あきらかにこうした利潤の追求と密接に関係していたのである。

惜しいことに、食物や料理、魚類の養殖に関する資料は公式の文献においては副次的なものにすぎず、記録は散り散りで、ことによっては一文字も記述がない場合さえある。そこで私と曹銘宗兄は、思考をめぐらせるさい、文章にされていないレベルでの間接的な証拠を探すことも除外しなかった。

我々は「漳州・泉州・潮州文化圏」と「オーストロネシア語族文化圏」は長きにわたって存在し続けており、王朝の交代がどうであろうと、その文化圏における人々は海上の道から長期にわたって飲食と養殖の技術を各地に伝えていたのだろうと考えている。

こうした前提のもと、我々は特定の魚や特定の料理を伝えたのはきっとオランダ人の誰それだろう、きっと鄭成功だろう、また日本統治時代や戦後にある特定の人によって伝えられたのだろう、などとこだわらないことにしたのである。

たとえば、台湾料理の「五柳居《ゴオリウキイ》」（魚の甘酢あんかけ）や同様の海魚料理は、ふつう甘酢のあんにとろみをつけて味わいを増し、また味の抜けるのを防ぐ手順をふむが、これは福建、広東の海岸で暮らす人々にとっては数百年にもわたる伝統的な調理法である。この料理がいつ誰によって台湾に伝えられたものなのかという説を無理に唱えて飯の席で論争を巻き起こし、胃腸を荒らすことは避けたほうがよかろう。

また「咖哩《カレー》」や「沙茶《サテ》」は日本統治時代か戦後になってから伝わったものだろうという人もいる。しかし我々が提出するところの文化圏という角度から見れば、廈門と東南アジアには一貫して交流があったわけで、台湾と廈門の関係の密接さから鑑みて、これらの調味料が清代に廈門にまで伝わっていたのなら、台湾にまったく伝わっていなかったとするほうがむしろ説明がつき難いとは言えまいか。

ここまで述べた二つの研究の基礎、つまり名称由来論と文化圏論が、この『食からみる台湾史』の特色を構成している。本書は学術書ではなく一般書だが、読者諸氏は本書を読むにあたり、歴史の物語を知る楽しみを享受する以外に、我々が提供する研究の方法論をも試みることができるだろう。

たとえば今しがた台湾と廈門の関係が密接であると説いたが、すると廈門の地方志［ある地域の各方面の資料をまとめた書物］から廈門の税関で「塩漬け牛肉」に課税していたという記事を見つけた場合に、すぐにこんな疑問が頭をめぐるはずだ。ではその当時、台湾では牛が屠畜されていたのではないか、と。すると確かに文献からは台湾人が古くから牛の皮を輸出し牛を食べていた記録が見出せる。これにより一般的に台湾人が牛肉を食べるようになったのは日本統治時代から戦後のことだとされているのは、はっきりと誤りだということになるわけだ。◆注／1

序文の結びとして、私は現在の飲食文化と政治的アイデンティティーの問題について個人的な考え方を述べておきたい。

「食飯皇帝大《チァプンホンテェトァ》（飯を食うことは何より大事）」とは言うが、政治文化論者の中には、飲食や料理から政治的アイデンティティーについて述べるのを好むものが少なからずいるようで、飲食という人の普遍的な欲求に関してもとやかく自説をぶつ。

先ほど挙げた「五柳居」にしても、親中国派はしばしば中国料理だと主張し、本土派は台湾の独創であると考えており、それぞれ譲らない。じっさい、それを食事のあとの話のタネにするのはかまわないとはいえ、それと同時に料理とはたえず創作され続けるものだということと、現地の人間による文化の創造における階層性にはより注意を払わなければならない。

タイ料理店を例に取れば、タイにおける料理には一九七〇年代以後に華人系の住民によって創作されて今も提供されているものが多く、それらは逆にタイ人の外食習慣に影響を与えているが、名前としてはやはりタイ料理とだけ呼んでいる。

日本料理においても同様だ。日本料理とされるものには十九世紀以降になって外国からの影響を受けてから作り出された料理も少なくないが、日本人が和食というものを懸命に解釈し続けたことで、今では日本独

◆1　『廈門志』（一八三二年）に以下のようにある。「醃鶏（塩漬け鶏）、醃鴨（塩漬けアヒル）は一羽あたり一厘、牛鹿脯（ウシとシカの干し肉）は百斤あたり一銭二分、鹿脯（シカの干し肉）は百斤あたり一銭五分、醃蛋（塩漬け卵）千個あたり五分、塩漬けの豚の胃、豚の舌は百斤あたり三分。以上は廈門の税関で例に従って徴収する。鹿筋、鹿腿、獐腿、獐脯、鹿は百斤あたり二銭。牛筋、馬筋、醃牛肉、牛脯は百斤あたり一銭、火腿百斤あたり二銭。以上は例に従って徴収する」

特の食物哲学を持つに至っている。

明らかなのは、「食べる台湾史」と「台湾史における食」は学術界に身を置く研究者の研究テーマであるだけでなく、一般の読者にとっての感覚の歴史の一部であるということだ。嗅覚と味覚の中に自らの飲食における精神的な故郷を求めることはまさに、自己という存在を探し求めるための道程に他ならない。

最後に、もっとも重要で、ふれずにはおけないことを。中央研究院歴史学研究所出身の副総編集であるところの張瑞芳氏が、多忙の中で文献を処理し問題を解決するのに協力してくれたことに感謝を表したい。おかげで本書は順調に出版でき、錯誤も最小限に抑えられているからだ。

歴史に食物の美味を添えて

曹銘宗

共著者である翁佳音は私の友人であり、私の台湾史の顧問でもある。私と彼の前著であり、最初の共著である『「大湾《タイオァン》」「大員《タイオァン》」「福爾摩沙《フォルモサ》」　ポルトガル人の航海日誌、オランダの地図、清朝や日本の文献から探る台湾の地名の真相』（猫頭鷹出版、二〇一六年）は好評を博し版を重ねている。

出版にあたり、翁佳音の中央研究院台湾史研究所の同僚である詹素娟がこんな推薦文を書いてくれた。「一人は才能学識を兼ね備え、資料のすき間から余人には見つけ出せないものを見つけ出す歴史学者であり、もう一人は嗅覚鋭敏にして文才あふれる新聞記者である」

また同じ中央研究院の許雪姫はこんな風に書いてくれた。「二人の作者の学識とその表現するところは、あたかも『乱童《キィタン》』と『桌頭《トォタウ》』のごとし。」台湾語のことわざにこんなものがある。「ひとりは乱童、ひとりは桌頭」。体に神明を下ろしてその意志を伝える「乱童」に、それを人の言葉に翻訳して伝える「桌頭」の組み合わせで、台湾ではしばしば二人の人のうまの合った掛け合いのことをからかう意味で使う。じっさいこの冗談に対して、翁佳音と私は引っかかるどころか、それこそなかなかいいところをついていると思っている。私たち二人が仕事のうえでぴったり寄り添っている様子をうまく言い表しているからだ。

私は文化を専門とした記者の出だから、インタビューには三つの要点があることを承知しているつもりだ。つまり、よい問題を探し当て、正しい専門家に尋ね、正確な答えを得ることだ。私と翁佳音の仕事のしかたがまさにこれで、私が疑問を探し、知られている資料を書き出すと、翁佳音が資料を補充し、難題に答えてくれる。そしてそれを私が最後にもう一度整理するのだ。

私から見ても、翁佳音はじつに台湾史に「通」じた学者で、中国語・日本語・英語の資料は言うまでもなく、直接に初期のオランダ語、スペイン語文献にも当たれ、とくに彼は台湾基督長老教会の出身であるうえに台湾語にも深く通じており、オランダ語文献の中にアルファベットで記録された漳州・泉州語由来の用語までも理解できるため、しばしば人の見当てていない資料を探し出せるのである。

私のほうはといえば、疑問を考えつくのが得意だから、彼が「神通」を発揮して答えを探すのを触発し、さらに解釈をして、やさしい文章で読者に提供するというわけだ。

私はもともと二、三日に一度は菜市場に行きたくなる「買菜煮飯工作者（おかず買い飯炊きワーカー）」であり、かつまた台湾の歴史を研究するのも好きなため、すでに『蚵仔煎《オーアーチェン》の身の上　台湾食物名小考』（猫頭鷹出版、二〇一六年）、『花飛《ホエフィ》、花枝《ホエキィ》、花蠘仔《ホエチィア》　台湾海産物名小考』（猫頭鷹出版、二〇一八年）という二冊の本を手掛けてきた。そのとき翁佳音は私のためにこんな序を書いてくれた。「国は民を本とし、民は食を天とする。食物は永遠に歴史学の主題であり、食物の伝播は国どうしの文化交流でもある」。飲食文化の形成は、自然の方面から見れば、地理、気候、動植物の分布にかかわり、人文の方面から見ると、エスニックグループ、文化、歴史にかかわる。台湾はもともと生物のうえでも文化の上でも多様性に富んだ島であり、つぎつぎとやって来たエスニックグループが、それぞれ異なる飲食文化を持ちこみ、多元的で混じり合い、融合した特徴を形成してきた。

本書『食からみる台湾史』の始まりについては、二〇二〇年九月に私と翁佳音、そして共通の友人であった中央研究院歴史語言研究所の林富士とが食事をしたことから語らねばならない。その日、三人で海沿いにまで出かけ、東北角にある阿珠海産で海鮮を食べた。麻油龍蝦（伊勢海老の蒸し煮ごま油風味）、蔭冬瓜蒸石斑（ハタの蒸しもの冬瓜の漬物風味）といった美味を楽しみ、林富士は私と翁佳音が共作を続け、歴史的な文脈を持って台湾の飲食文化を描き出すべきだと励ましてくれた。

翌日、私の頭の中にふいに『吃的台湾史』という書名が浮かんだ。すぐに林富士に伝えたところ、それはいい、と言ってくれたのだ。だが惜しいことに、林富士は二〇二一年六月に病で世を去り、本書に序を書いてもらうことはかなわなくなってしまった。

本書が「台湾史」と銘打つからには、台湾の飲食が台湾の歴史において、どのように始まり、どのように変化してきたかを描き出し、台湾の飲食文化の脈絡を素描したいと考えた。

そこで一部「何を食べるかの台湾史」では、米・麦・砂糖・茶・酒・調味料・魚肉加工品、また食補・冷菓・辛いものの歴史をそれぞれ扱い、二部「いかに食べるかの台湾史」では、大航海時代の帆船での飲食、豚レバーの価格について、魚の缶詰など、興味をそそるテーマを設けた。

台湾における食用の動植物の多くは、従来一般的にはオランダ統治時代（一六二四年から一六六二年）に導入されたと考えられてきた。清代の台湾地方志にも、しばしば「種はオランダから伝わる」、「種はジャワから」、「種はジャカルタから」などと書かれており、これはその動植物がオランダ人によってインドネシアのジャワ島、ジャカルタから台湾に導入されたことを意味する。また、同じ地方志には「種はルソンから」とも書かれ、こちらはフィリピンのルソン島から伝わった品種であるということになる。

しかし本書では一部の東南アジアの食物はオランダ統治時代以前に台湾に導入された可能性があるとした。それは、オランダ統治以前より、すでに形成されていた二つの文化圏によるものである。一つは「漳州・泉州・潮州文化圏」である。つまり福建の漳州人、泉州人、広東の潮州人は言語においてはみな閩南語系に属し、台湾と東南アジアの間を互いに往来しており、十六世紀にはすでに一つの文化圏を形成していた。したがってオランダ人よりも早く台湾に来ていた漳州・泉州・潮州移民が東南アジアの食物を台湾に導入した可能性があろう。

もう一つは「オーストロネシア語族文化圏」である。華人やヨーロッパ人よりも前に、台湾、東南アジアのオーストロネシア語族の言葉を話す民族の間にはすでに往来があり、文化圏を形成していた。つまり台湾の原住民族も作物や食物を東南アジアから台湾に伝えた可能性があるのである。

本書はさまざまな食物に関する歴史の物語を掘り起こしている。
帆船時代に、ヨーロッパ人や華人は船上で何を食べていたのか？
台湾にはいつからパン焼き職人がいるのか？
台湾のタピオカミルクティー「珍珠奶茶」は何が原型なのか？
台湾から最初に輸出された茶は何茶だったのか？
台湾人はいつから牛肉を食べ始めたのか？
サバのトマト煮缶詰の赤缶と黄缶にはなんの違いがあるのか？
ピーマンのことを別名「大同仔《タイトンア》」と呼ぶのはなぜか？

さあ、探求によって歴史に食物の美味を添えようではないか！

食からみる台湾史とは

台湾は地質、地形と地理的位置の独特さから、「生物多様性」と「文化多様性」を備えており、山海の物産が豊富で、さまざまな飲食文化が集まった島となっている。

台湾の生物多様性とは何か？　台湾にはさまざまな地質（岩石、土壌）、地形（高山、丘陵、台地、平原、盆地、渓谷、海岸、離島）があり、中心に高い山脈があるために気候も多種（熱帯、亜熱帯、温帯、亜寒帯）にわたる。さらに周囲には温度の違う海流（黒潮、北方大陸沿岸流、西南季風吹送流）が流れている。氷河期にはユーラシア大陸とつながり、その生態資源は海洋と大陸を合わせたものになっている。台湾は面積こそ狭いが、生物の種類は相対的に非常に多いのだ。◆注／1

では台湾の文化多様性とは何か？　台湾はユーラシア大陸と太平洋の交わるところに位置し、大陸から見ればそこからほど近い島であり、海洋側からみれば西太平洋近岸部の諸島嶼の中心であり、東シナ海と南シナ海の間にあり、東アジアと東南アジアをつなぐ場所に位置する。台湾は世界の海上交通の要衝に位置しており、古くから人類のさまざまなグループが活躍する舞台となってきた。

台湾はもともとオーストロネシア語族の原住民族からなる集落社会であり、十七世紀以降は徐々に華人を主とする移民社会となっていった。オランダ、スペインの統治時代、鄭氏統治時代、清朝、日本統治時代、

◆1　台湾の生物多様性は世界全体から見ても高い。台湾の陸地としての面積は地表全体の〇・〇〇〇二五％にすぎないが、五万種以上の生物がいると鑑定されており、生物種の数は全世界の二・五％を占めている。これは他国の平均値の一〇〇倍に相当する。台湾の海域の海洋生物種の数量は全世界の十分の一にあたり、他国の平均値の四百倍にあたる。

中華民国政権の統治を経て今に至る。前後してやってきたさまざまなエスニックグループが、それぞれ異なる飲食文化を導入した。台湾に伝承し集められたものは、やがて融合し創作に向かい、多元的で複雑に入り混じった特徴を形成したのだ。

原住民族の飲食文化

台湾の原住民族は、二〇一四年までに政府に認定された十六民族以外にも、歴史の中で漢民族との同化が進んだものの、現在でも存在している平埔《へいほ》族のグループもおり、それらの民族が話す言語はすべてオーストロネシア語族に属する。

台湾こそがオーストロネシア語族の故郷であり、五千年以上前に全世界に広がり、南はオセアニアのニュージーランド、東は南アメリカ西岸のイースター諸島、西はアフリカ大陸東岸のマダガスカル島にまで、太平洋とインド洋を越えて広がっていったとする人類学者もいる。また遺伝子学者の中には、オーストロネシア語族を話す民族は東南アジアの島嶼部に起源し、一方は北に向かって台湾に、一方は東に向かってメラネシアやポリネシアに広がったとする説を唱えるものもいる。

オーストロネシア語族を話す民族間の海上での往来には、飲食文化の伝播と交流があったと考えられ、さらなる研究が期待される。

中南米原産のサツマイモを例に取れば、一般的には十五世紀末にスペイン人によって世界に広められたとされている。しかし近年の放射性炭素年代測定に基づく研究によれば、太平洋中南部、ポリネシアのクック諸島には、一二一〇年から一四〇〇年の間にはすでにサツマイモが伝えられていたと考えられる。ここから予測されるのは、航海に長けたオーストロネシア語族が、おそらくはヨーロッパ人よりも早く中南米からサツマイモを持ち帰っていたことである。◆注／2

ヨーロッパ人が十六世紀に東南アジア、東アジアにやって来る前から、台湾と東南アジアのオーストロネシア語族を話す民族の間には往来があり、「オーストロネシア語族文化圏」を形成していた。それを念頭に置けば、南アジアや東南アジア原産の植物の一部は、十七世紀にオランダ人やスペイン人が台湾に導入したものとは限らなくなる。おそらくインドネシアのジャワ島に起源すると考えられる虱目魚の養殖法も、オランダ人が台湾に導入したとは限らない。ましてオランダ人たちは台湾の貿易上の価値に重きを置いており、虱目魚はそのような価値を持たないためである。

台湾の原住民族の初期の集落における生活は、狩猟・漁労・採集に加えて農業と養殖によって成り立っており、伝統的な調理の方法は生食、塩漬け、蒸す、煮る、燻製や炙り焼きなどがあり、食物の自然な風味をそのまま保つものであった。

台湾の原住民族には独特の高山、海洋の飲食文化があり、また小米（アワ・ヒエ）の文化と野草を食べる文化があった。

近年では、原住民族が伝統的に食べてきた台湾の原生種である「山地陸稲」や「紅藜」（タカサゴムラサキアカザ、レッドキヌア）などの穀物や各種の香草、薬草などの植物も健康によいとされて注目を浴びている。

◆2　サツマイモの伝播に関する諸説については、以下の論文が概要をまとめている。内林政夫「コロンブス以前からポリネシアにあったサツマイモ——概観」（薬学雑誌126（12）, 1341-1349, 2006）

オランダ・スペイン統治時代にもたらされた飲食文化

十七世紀の前半、オランダ人、スペイン人が台湾を統治した期間（一六二四年から一六六二年）には、オランダ人、スペイン人と東南アジアの華人がヨーロッパ、アメリカ、南アジア、東南アジアから多くの食用植物を導入した。

清代の台湾文献の記載によれば、ヨーロッパ原産のエンドウ豆、キャベツ、アメリカ大陸原産のトウモロコシ、サツマイモ、落花生、トマト、トウガラシ、シャカトウやバンザクロ、南アジア原産のマンゴー、「羅勒（ラロク、九層塔とも。バジルの一種）」、パイナップル、東南アジアの「蓮霧《レンブ》」などがある。

オランダ人は南台湾に植民し、サトウキビやイネの栽培を発展させ、砂糖や米を生産し輸出した。これが台湾における最初期の農業経済であった。当時、オランダ人は福建から華人たちを海を越えて南台湾にまで招き入れて耕作させ、澎湖と漳州から耕作用の牛（黄牛と水牛）を導入した。

オランダ人とスペイン人が台湾にいた時期はそう長くなかったため、ヨーロッパの飲食文化をほとんど残していないが、カトリックやプロテスタントは儀式でパンを食べワインを飲むため、台湾でのパンの製造が始められていた。オランダ語文献の記載によれば、当時台南では華人がパンの製造のために雇われていたという。

福建・広東からの移民がもたらした飲食文化

オランダ人、スペイン人が到来する以前から、台湾にはわずかに福建・広東からの移民たちがいた。オランダ人は大量の福建人を台湾に耕作のために招き入れ、それに加えて明末には鄭氏の二万人の軍隊が台湾に渡って駐屯、開墾を行ったことで、台湾に福建・広東からの移民を主とする華人社会が形成された。

福建の漳州人、泉州人、広東の潮州人らは、言語のうえでは同じく閩南語系に属し、台湾と東南アジアの間を相互に行き来しながら「漳州・泉州・潮州文化圏」を形成していた。当時の帆船航路からいえば、フィリピンのルソン島と福建の間の往復には、南台湾の恒春、高雄、台南が中継地になっていた。福建省の中心である福州に直接向かう場合には、基隆も中継地となった。これらからは、台湾の漳州・泉州・潮州の移民らは東南アジアの飲食文化をも導入したであろうことが分かる。

台湾の福建・広東からの移民たちは、中国の故郷から宗教、祝祭日、習俗などと関わる飲食文化を持ちこんだ。たとえば、仏教・道教における供え物は糕や餅の文化や素食と呼ばれる菜食の文化を、寺廟や市場の周辺には小吃文化を形成し、またごちそうを分かち合い、人々どうしが感情を共有するための宴席からは「辦《バン》桌《トオ》」（出張宴会料理）の文化が発展した。

福建・広東からの移民たちは節約にはげみ過度の奢侈に走らず、食材を大事に使い、むだが出ないように使うことで、特徴的な料理を発展させていった。

台湾には早くから漳州料理、泉州料理、潮州料理などが伝わり、とくに福建省の中心である福州料理は中国八大料理体系の一つである「閩菜」の主流であった。さらに、客家料理も米の食べ方と野菜の保存食の文化にとりわけ特色がある。

日本統治時代にもたらされた飲食文化

日本は台湾を統治すること五十年（一八九五年から一九四五年）にわたり、「和食」や「洋食」を導入したうえ、多くの農作物や家畜、水産物の品種を導入、改良し、台湾の飲食文化をより豊かにした。

台湾は清末の一八五八年に開港した後、すでに西洋の飲食文化が入ってきてはいたが、日本統治時代には西洋の近現代文明が導入され、牛乳、コーヒー、紅茶、西洋風の菓子や西洋料理、アイスクリームなどが台湾で流行最新のものになっていった。

日本統治時代には、日本人から見た「日本料理」と異なり、台湾にも独自の料理があったため、それを区別するために「台湾料理」という言葉が誕生したのである。◆注／3

戦後にもたらされた飲食文化

戦後、中華民国が台湾を統治するようになると、中国各省から大量の移民が台湾にやって来て、それぞれの飲食文化を持ちこんだ。中国の十大菜系、つまり四川料理、湖南料理、広東料理、福建料理、江蘇料理、浙江料理、安徽料理、山東料理、湖北料理、北京料理が台湾に集まり、この地で改良され、創作されている。◆注／4

中国の小麦粉食文化もこれにともなって台湾で流行し始め、その後、台湾の伝統的な米食文化と肩を並べるまでになった。また、戦後にアメリカが中国援助法に基づいて設立した「中国農村復興連合委員会」（行政院農発会、農委会の前身）が、一九五〇年代から六〇年代にかけて資金、人材と技術を提供し、台湾の農業の発展に協力した。これには農作物と家畜の品種改良なども含まれており、これが台湾の農業的繁栄の基礎となったのである。◆注／5

アメリカは台湾の防衛に協力するためアメリカ軍顧問団を進駐させた（一九五一年から一九七九年）だけでなく、アメリカの飲食文化とファストフード文化もそれらにともない台湾に持ちこんだ。

一九七〇年代以後、台湾が急速に経済成長し、人々が豊かになり始め、海外に自由に観光旅行に出るようになると、世界各国の料理が次々と台湾に入ってくるとともに、外国料理のレストランも増加していった。一九九〇年代以後には、台湾の新移民（外国籍の女性との結婚）が大量に増加し、ベトナム料理やタイ料理が増え、普及して今に至る。

戦後から現在まで、台湾の農業技術はたえず進歩し、新たな品種を導入、改良し、精密農業を発展させている。

◆3　当時の日本人は「日本語」と区別するために、台湾でもっとも通用されていた漳州・泉州語を「台湾語」とした。これが現在の台湾語の由来である。日本統治時代の台湾料理は、最初は福建料理が主流であった。一九二〇年代になると「酒家菜」と呼ばれる高級宴会料理が形作られ、すでに日本料理を融合させていた台湾料理は、さらに広東料理、四川料理、さらには江蘇・浙江料理や北京料理をも導入していった。

◆4　台湾の人口は戦後におよそ六百万人であったが、一九四五年から一九五〇年の間に、およそ百五十万人の国民党軍と民間人が台湾に移住するようになり、台湾の人口の四分の一近くを占めるに至った。これは台湾の経済、社会にとって構造レベルでの衝撃を与えた。

◆5　アメリカは一九五〇年に朝鮮戦争が勃発した後、台湾への経済、技術、軍事援助を増強し、大量の資金を貸し付け、台湾のハイパーインフレーションの抑制を助け、外貨の欠乏から来る困難を解決しようとしたほか、台湾の電力、交通、ダムなどのインフラ建設にも協力した。さらに農業、林業、漁業、中小企業などの産業を発展させ、台湾の財政安定と経済的発展に対して大きく貢献した。

台湾の新しい飲食文化

台湾における新たな発展は飲食文化全体の奥深さを増すようにはたらき、美味な小吃は台湾にとってもっとも訴求力のある観光資源にまでなっている。

台湾小吃

台湾小吃は台湾の多元的なエスニックグループの持つ飲食文化の表れであり、それらが築いた資産である。台湾小吃は数万もの屋台や小店が、各地の夜市、廟口、道端、菜市場、デパートのフードコートまでに広がり、さらにはレストラン、五つ星クラスのホテルや政府による宴席の料理にも取り入れられている。

台湾の多様でかつ安価な日常の小吃は、小銭を払うだけで値段以上の美味を楽しめ、先進国の中でも独特の地位を築いている。台湾から生まれた泡沫紅茶や珍珠奶茶は全世界で流行している。

台湾料理

台湾料理界は活力に満ち、さらに精緻で特色のある台湾料理を追求している。

また台湾の飲食文化には、サスティナブルな農業や生態環境の保全、フードマイレージ（食物の輸送距離）、環境保護を目指した菜食などの新しい観念も溶けこみつつある。

一部

「何を食べるか」の台湾史

米

台湾の気候は温暖で湿潤であり、稲作に非常に適している。米は台湾において伝統的な主食であり、そのため台湾には「米は一様、米食う人は百様」ということわざがある。また「米っ食いの米の値知らず」と人を罵っては、「時が来たならその時しだい、米がなければ芋煮りゃいいさ」と自分を慰める。

「飯」という字の本義は煮て火を通した穀類のことで、華語ではアワ飯、米の飯、もち米飯にコーリャン飯などという。しかし台湾語で「飯《プン》」といえば炊いた米のことで、それをもっともよく伝える一言が「食飯皇帝《チァプンホンテェ》大《トア》」だ。飯を食うことほど大事なものはなく、じゃまもできなければ途中でやめさせられもしない、という意味である。

人類がイネを植え、米を食べる歴史は連綿と続いてきた。考古学的調査では八千年から一万年前にはすでにイネを栽培していた証拠が見つかっている。しかし現代の世界における糧食としての作物の総生産量の一位はトウモロコシで、米、小麦、大麦がそれに続く。

台湾の陸稲と水稲

イネの分類は、育つさいに必要な水の量によって水稲と陸稲（旱稲とも呼ぶ）に分けられる。水稲が一年に何度収穫できるかは気候と関連しており、温帯では一年に一度、亜熱帯や熱帯では二度もしくは三度収穫できる。陸稲は日照りに対する耐性が強く、灌漑ができない陸地あるいは山地にも植えることができ、ふつう一年に一度しか収穫できない。

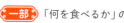

台湾の原住民族のかつての主食であり、今でも山岳地帯の集落で植えられている「小米」はじっさいには米ではなくアワだが、台湾では古くから陸稲も存在していた。

考古学的研究によれば、屏東恒春の「墾丁遺跡」でもみがらで印をつけた陶片が発見され、台南新市の「南科遺跡」ではイネの化石も発掘されており、少なくとも新石器時代中期（四千年から五千年前）には台湾の歴史時代以前の原住民族が陸稲を植えていたことが証明されている。現在でも台湾の原住民族の集落では少数ながらまだ陸稲を植えているところがある。

台湾の水稲は一般的には福建人が十七世紀前後に故郷から導入したと考えられているが、原住民族がそれ以前から同じく「オーストロネシア語族文化圏」に属する東南アジアから導入していた可能性も否定できない。『ゼーランディア城日誌』の第二冊には、台北松山の里族にあった「稲園」（オランダ語で rijsvelden）に関する記録がある。

スペイン語文献には、スペイン人による北台湾の統治期（一六二六年から一六四二年）に、台湾島外から米を買っていたほか、淡水の原住民族のバサイ人や、宜蘭の原住民族であるクバラン人から米を買っていたこと、クバラン人の襲撃によりスペイン人が殺されたことに報復しようとしたが、戦力の不足で行動を起こせなかったという記載もある。◆注／1

オランダの文献には、オランダ人がスペイン人を駆逐し鶏籠（現在の基隆）に駐留した後、とくに宜蘭まで出向いてクバラン人から米を買っていたとあり、当地には灌漑による水田があったとも記録されている。

オランダ人統治期および明末清初の鄭氏統治期に、福建や広東の移民が大量に台湾に流入し、華人社会が

◆1　J. E. Borao『Spaniards in Taiwan: 1582-1641』を参照。

じょじょに形成され、稲作、畑作の技術と灌漑のシステムを導入した後に、台湾は稲作で知られるようになっていった。

オランダが台湾を植民支配していた時期（一六二四年から一六六二年）には、台湾にはもともと自給自足の初歩的な農耕と漁、狩猟が行われていたが、この時期から砂糖、米を中心にして、単一作物による農業経済が発展していった。当時、大量のサトウキビとイネが植えられ、輸出されるようになり、オランダ人は福建から華人を招いて南台湾で耕作させ、また澎湖諸島から耕牛を導入した。

台湾にはもともと牛はおらず、原住民族の言語にも牛を表す名詞がなかった。クバラン語では牛をqabawあるいはvakkaと呼ぶが、その語源はスペイン語のcaballo（馬）とvaca（牛）である。

台湾の牛はオランダ人がインドネシアから導入したという説もあるが、当時の帆船でインド

19世紀末、台湾の林のなかで探検隊が野生化した水牛の群れを追っている。(1890年3月8日『イラストレイテド・ロンドン・ニュース』より)

ネシアから牛を運ぶのはあまりよい方法だったとはいえない。じっさいには澎湖諸島は南宋代にすでに中国の版図に入り、華人が定住して耕作しており、牛を育てていた記録もある。オランダ人の『ゼーランディア城日誌』にはしばしば澎湖から牛を輸入していた記録があるが、インドネシアやインドから牛を輸入した記録はないのである。

後に、オランダ人が台南でも牛を育てるようになったさい放牧方式をとると、それらの牛はのちに各地に広がっていった。清朝の康熙年間、最初の巡台御史となった黄叔璥は『台海使槎録《たいかいしさろく》』（一七二二年から一七二四年）にこう記載している。「台湾には野生の牛が多く、百頭千頭と大きな群れになって」おり、それを捕えて飼うと家畜としての牛と変わらない、と。

清代には、台湾に福建、広東からの移民が大量に移住し、あちこちで原住民族の土地に侵入して開墾し、大量のイネを生産するようになると、「内地」（中国大陸）にも売られるようになった。福建の漳州や泉州では長らく台湾産の米に頼っていたのである。

台湾の米の多様性

イネの分類は、含まれるでんぷん成分の粘り気によって区分すると、以下の三つに大別できる。

インディカ米（秈稲）　亜熱帯、熱帯に育ち、粘性が低く、米粒は細く長く、食感は固くぱらぱらしている。

ジャポニカ米（粳稲）　温帯、亜寒帯に育ち、粘性は比較的高く、米粒は丸く短く、食感は適度に軟らかい。

もち米（糯稲）

インディカ米、ジャポニカ米のどちらにももち米としての変種が存在している。粘性はもっとも高く、米粒の長さによって長粒のもち米と短粒のもち米に分類でき、食感は軟らかくしっとりと粘り気がある。

台湾では、清代まではインディカ米のうるち米ともち米しかなく、中国南部、東南アジア、南アジアと同様であったが、日本統治時代にジャポニカ米が導入されることになった。

日本では従来、温帯に向いたジャポニカ米を植えており、一年に一度収穫していた。日本人は当時、台湾の気候が水稲を植えるのに適しており、日本での食糧不足の解決の助けになるのではないかと考えたものの、日本人は長きにわたって日本の比較的軟らかいジャポニカ米を食べてきたために、台湾の比較的固いインディカ米を食べ慣れなかった。そこで、台湾総督府農事試験場はイネの育種の専門家である磯永吉《いそえいきち》に依頼し、日本のジャポニカ米を台湾に導入して試験的な植え付け、改良を行わせた。数年にわたる努力の結果、ついに新品種の栽培に成功し、一年に二回もしくは三回の収穫が可能になるに至った。

一九二六年、台湾総督府は台湾の新たな品種の短粒のうるち米を、日本人が台湾を古くから「蓬莱仙島」と呼んでいたことから、「蓬莱米《ほうらいまい》」と名づけ、台湾から日本に売られ

もち米（長粒）

ジャポニカ米

インディカ米

るようになった。

「蓬莱米」の育種の成功には、のちに「蓬莱米の父」と呼ばれた磯永吉の功績が大きい。また台湾は亜熱帯、熱帯の緯度にあたり、北半球の温帯に育つ短粒のうるち米を育てることのできる最南端の地域となったともいえた。

二〇一九年、台湾中央研究院の植物および微生物学研究所の特任研究員の邢禹依のグループが、台湾原産の「山地陸稲」の遺伝子を研究し、百年前に日本の短粒うるち米を育てるのに成功した謎を解明しつつある。もともと、当時台湾原産の「山地陸稲」の花粉が新たに育てたうるち米について交雑が起こり、それによって台湾の環境に適応する能力を持つようになったというのである。◆注／2

以前、台湾の民間では米の呼び名としては、もともとは「米《ビィ》」（すなわち長粒のうるち米）と「秫米《ツッビィ》」（すなわちもち米）しかなかったが、「蓬莱米《ホンライビィ》」が現れた後には、区別するために、もともとの米を「在来米《ツァイライビィ》」と呼ぶようになった。◆注／3

それ以降、台湾では短粒のうるち米の生産が長粒のうるち米をじょじょに上回るようになり、台湾人が日常的に食べる白米の飯も、じょじょに長粒米から「蓬莱米」に変わっていった。台湾で日本統治時代から生産

◆2　中央研究院の科学普及のためのメディア「研之有物」（2019-12-03）に、邢禹依の水稲の遺伝子研究の報告が載っている。百年ほど前に、台中州の農事試験場の試験田で日本の温帯用の短粒うるち米「亀治」と「神力」の交配を行ったさい、付近にちょうど山地陸稲を植えており、その花粉が偶然育種中の新品種である台中65号について交雑が起こり、この品種が日照の長短の影響を受けないようにするとともに、一年に二度収穫できるようにさせたのだという。

◆3　日本語の「在来」（ざいらい）という語は、以前からあるという意味だ。たとえば日本の鉄道の「在来線」という言葉は、「新幹線」以前からある鉄道という意味で、両者はレールの幅も異なる。そのため、台湾の「在来米」は「蓬莱米」の前からある米を指すことになる。

が開始された「紅標米酒」も「蓬莱米」を使って作られている。

台湾の長粒米はふつうの米飯を炊くのに使われることは少なくなったが、長粒米はもともと米麩《ビィフウ》（米を炒って火を通した後に粉に挽いたもの）や米粉《ビィフン》（ビーフン）、米篩目《ビィタイバッ》（太い米めん）、粿仔《クエア》（粄條とも。平たく作った米めん）、油粿《イウクエ》（米粉やでんぷん、芋などを混ぜた生地を蒸して固め、薄く切って軽く揚げたもの）、碗粿《オアクエ》（塩味の米粉プリン）、菜頭粿《ツァイタウクエ》（蘿蔔糕とも。大根もち）などを作るのに向くため、今でも人気がある。

戦後、台湾に移住してきた外省人の大半は蓬莱米を比較的うまいと感じたが、故郷の長粒米を懐かしむ人々もいる。台北市仁愛路三段にある「忠南飯館」は外省料理で知られる老舗で、一貫して蓬莱米と在来米の二種類の米を用意し、それぞれの炊飯器に注してある。

台湾に長粒米、短粒米、もち米と世界における三大分類の米が揃っていることは、米食文化の多様性を豊かにしてくれている。

台湾人の米の炊き方

一九五〇年代に、日本で家庭用の「電気炊飯器」が発明された。これが台湾では「電鍋《ディエングオ》」と呼ばれ、人類が火で米を炊いてきた歴史を変えることになった。

一九五五年、東京芝浦電気（現在の東芝）が機械制御式の電気炊飯器を新たに発売した。内鍋に米を入れ、外鍋には水を入れ、炊飯器が加熱を続け外鍋の水が蒸発しきると停止するようになっており、そのときには内鍋の米も炊きあがっているというしくみだった。こうした電気炊飯器はたいへんな人気になり、日本の家庭にすばやく浸透していった。

一九六〇年、台湾大同公司と日本の東芝が技術提携し、台湾で「大同電鍋」を発売すると広く評判を呼んだ。その後、日本で水を加える必要のない炊飯器が新たに発売された後にも、「大同電鍋」は変わらぬロングセラーとして今に至っている。

台湾で炊飯器が普及する前には、各家庭ではそれぞれ「燃火煮飯《ヒアホエッウブン》」（火を焚いて米を炊く）する必要があった。ガスが普及する前には、燃料は焚き木か石炭だった。十九世紀の中葉にヨーロッパから「番仔火《ホアンナホエ》」（マッチ）が広まる以前には、火を起こす道具といえば火打石と火打金だった。

火打金で火打石をこすると火花が出るのでそれで火を起こし、灯りや煮炊きの役に立てたので、むかしは家の中に備えておくだけでなく、外出のときにも身につけていたものだった。東アジアや東南アジアでは広く用いられた。煮炊きをする時には、火打石を火打金でこすり、火花を「柴幼仔《サアイウア》」（木くず）もしくは細かく砕いた枯れ葉に移し、これらの燃料に火種を起こしたのである。

清代の光緒年間に書かれた『安平県雑記《あんぺいけんざっき》』には台南に「琢火石司阜」と呼ばれる火打石の工場があり、「火石は暹邏国から運ばれる。鉄の斧で石片に割り、火打金でこすって火をつけるのに便のよいようにする」とある。このような記述

TATUNG
大同電鍋

ひとりでに…………………
美味しい御飯がたける！
東芝電気釜（自動式）
御飯が程よくたけると同時に自動的にスイッチがきれるようになっています。
6合用　600ワット
3，200円
東芝の電気釜の広告（1956年）

から、清代にはタイから大きな塊で火打石を輸入し、職人が斧で小さくして売っていたことが分かる。

　昔はどの家庭にもレンガや石で作ったかまどがあった。これは火をつけて調理をする設備で、火打石から火種を取り、かまどの中の焚き木や石炭に移した後に、火吹き筒を口で吹いて風を送って燃焼を助けながら、かまどの上に据えた「大鼎《トアティア》」（大鍋）の中の生米を煮て飯にする。そこから台湾語では厨房のことを「灶脚《ツァウカア》」と呼ぶのである。

「灶」は家庭を数える単位としても使われる。「一《チッ》口灶《カウツァウ》」は一戸の、「三口灶」は三戸の家を指す。台湾語で「仝一口灶《カンチッカウツァウ》」（仝は同じの意）といえば、みな同じ一家の人間だという形容になる。

　昔の厨房のかまどには二口のかまどもあった。こちらは二つの大鍋を据え、一方では米を煮て、一方でおかずを作ることができた。両方の鍋は交互に使い、最後には残った火で湯を沸かして体を洗う用にも使えた。そのころ大きなかまどの大鍋で米を煮るときにはまず水で米をとぐ。台湾語ではこのとぎ汁を「潘《プン》」と呼ぶ。乳白色のとぎ汁は、家のふき掃除にも使え、家畜に飲ませることもできる。

　大鍋の中に洗った米を入れ、水を加えて、ある程度煮えたら杓子でかき混ぜ、よけいな水分をすくい取る。米がすっかり水を吸ったらもうかき混ぜず、鍋に蓋をして米を蒸らして火を通す。このようなやり方だと鍋

火打石と火打金（歌川国芳「賢勇婦女鏡　大井子」）

底にはたいてい「飯疕《ブンピイ》」ができる。華語ではこれを「鍋巴《グオバー》」と呼ぶ。米を煮るときに鍋底に貼りついたすこし焦げた飯のことで、香ばしい味のおやつとして食べられた。

すくったおも湯は、台湾語では「泔《アム》」と呼び、そのまま食べることもでき、「漿泔《チウアム》」することもできた。つまりは糊づけで、服を洗ったあとにこのおも湯に漬けて乾かすとぱりっと固くなるのだ。

台湾米への新たなイメージ作り

台湾ではさかんに米が作られ、米の飯が主な糧食であるとはいえ、決して誰もが毎食白い米の飯を食べられたわけではない。白飯は貧しい人々にとってはぜいたく品だった。第二次世界大戦末期、台湾は日本のために戦争に巻きこまれ、食糧不足に陥った。戦後、国民党政府が台湾を接収すると、その後国共内戦によって台湾の米は大量に中国に運ばれ、台湾における重大な食糧不足を引き起こした。

むかし台湾人は米が足りない時には、米を炊くさいに米より多い「番薯簽《ハンチィチアム》」（さつまいもを細い棒状に削り出したもの）を混ぜたものを食べ、これを「番薯簽飯《ハンチィチアムプン》」と呼んだ。また米とさつまいもをいっしょに煮て「番《ハン》薯糜《チィベェ》」（さつまいも入り粥）を作った。今日、これらは昔なつかしい味「古早味《コォツァビィ》」となっている。

台湾の米食を主とするという伝統は、日本統治時代に西洋文明が引き入れられ、西洋式の小麦粉食が持ちこまれても決して影響を受けなかった。しかし戦後になり国民党政府にしたがって台湾に移住した大量の外省人たちの中には小麦粉食を主とする人々も多かった。それに加えて当時の国際米価は小麦粉よりも高く、政府は米を輸出して外貨をかせぐために「小麦粉を米に代える」政策が推進され、米消費の減少を引き起こした。これにより台湾はじょじょに「米麵共食」に変わっていったのである。

また一方では、他の国に比べて台湾は稲作のコストが年々高まり、国際社会において、だんだんに米を大量に輸出する競争力を失っていった。台湾の米はこのように内需と輸出とがともに衰退してからは産量も減少し、政府は民衆に台湾産の米と米製品をより多く消費するよう奨励しさえしたのだった。

一九八〇年代以来、台湾の稲作は今までと異なる道を模索し始めた。優良な品種を育成し、品質を向上させ、有機栽培を発展させるという路線だ。同時に食農・食米教育を強化し、質の高い伝統的な米食を復興させると同時に、美味で健康的な新たな米食を創作し、それら新旧の文化を反映した米の製品を広めることで、台湾に良い米ありという新たなイメージを付与しようとしている。

麦

台湾は南方の島であり、もともと米を主食にしていたが、後に小麦粉食も発展してきた。今では台湾人の米と小麦の消費はほぼ同等になっている。

台湾は古くから米作りで知られており、豊富な米食文化を持っており、小麦と小麦粉の需要は輸入に頼っているため、じっさいには台湾でも麦が作られていることは見落とされがちだ。

小麦は本来、温帯の作物で、低温な環境を好む性質があるが、暑さに強い品種もあるため、北緯十八度から五十度までの地域で栽培できる。また大麦は小麦よりも環境に対する適応力がさらに高い。台湾は北緯二十二度から二十五度に位置しており、小麦も大麦も生産できる。

オランダ統治時代に始まっていた小麦栽培

十七世紀に書かれた『バタヴィア城日誌』によれば、オランダ人による台湾統治時期（一六二四年から一六六二年）の間、もっとも遅く見積もっても一六四三年以降には、今の恒春で大麦（Gerst）が植えられ、一六四四年以降には今の台南で小麦（Tarwe）が植えられた。それ以前にはおそらくずっと輸入に頼っていたようだ。

小麦の産量に限りがあるため、オランダ人は一六四八年に法令を公布し、小麦から酒を造ることを禁じた。ただし大麦からの酒造りは許可していた。

清代の『台《たい》海《かい》使《し》槎《さ》録《ろく》』（一七二二年から一七二四年）には、「麦には大麦と小麦があり、小麦がもっとも食味がよい」とある。

『鳳山県志《ほうざんけんし》』(一七二二年)にもこのように書かれている。「大麦は立冬に植えつけ、清明《せいめい》に成熟する。三月から四月の間は小麦が端境期にあたるので、穀物は大麦にたよることになる」。「小麦は真冬に植え、初夏に収穫する。粉に挽いた小麦粉は、たいへんに利用価値が高い」

当時は蕎麦も育てられており、「秋に植えつけて冬にはできる。これも粉に挽け、斂汗《れんかん》に用いる」と書かれている。「斂汗」は中国医学においては体の虚弱を補い多汗を止める治療法を指す。

これらをまとめると、十七世紀以来、台湾では一貫して少量の小麦と大麦が生産され続けてきたということだ。

オランダ統治期の文献には南台湾で小麦と大麦が植えられていた記録がある。清代には、台湾各地に福建・広東から大量の移民が渡った。土地と気候がともに適していさえすれば麦類を植えていたと考えられる。今でも雲林に「麦寮」という地名が残っているのは、小麦・大麦の栽培と交易に関係しているためだと思われる。

日本統治期、台湾総督府では台中から台南にかけての沿海平原で小麦の栽培が進められた。戦後、台湾の小麦は台中の大雅で集中して作られるようになり、二〇〇四年からは、毎年三月の小麦の収穫時期に「大雅小麦文化節」が開催されている。

小麦粉、小麦粉食と麵舗

小麦は米よりも硬く、粒のまま食べると食感が劣るため、多くの場合は小麦粉に挽いてさまざまな小麦粉食、いわゆる「麺食《ミエンシー》」にする。

その昔、牛に牽かせて動かす石臼で小麦を製粉する場所のことを、「牛磨《グウボオ》」と呼び、「牛磨店《グウボオディアム》」を経営するものは必ず税を納めなければならなかった。

小麦粉はしばしばいわゆる麺類の「麺条《ミエンティアオ》」やそれより細い「麺線《ミエンシエン》」に加工される。清代に書かれた『澎湖紀略《ほうこきりゃく》』には、主人の誕生日に長寿を祝うためその家を訪れる客があると、「寿麺」と呼ばれる祝いの麺を食べさせたと書かれている。

小麦粉からは「糕《ガオ》」や「餅《ビン》」「包子《パオヅ》」「饅頭《マントウ》」などが作られる。たとえば祭祀のさいの「麺亀《ミイクウ》」や長寿を祈念する「紅桃《アントオ》」（寿桃）もそうだ。旧時は饅頭（饅頭粿とも呼ばれる）は死者を祀るさい、たとえば父母の百か日法要「做忌」に用いられた。

また、小麦粉は「麺炙《ミイチア》」（華語でいう麺筋《ミエンジン》、日本でいう麩のこと）を作るにも使われ、砂糖とラードを加えて煎れば「麺茶《ミイテエ》」になり、塩を加えて醗酵させれば調味料である「麺醤《ミイチウ》」（甜麺醤、小麦粉みそ）になる。

台湾では、旧時は仙草《せんそう》ゼリーを小麦でんぷんで固めていた。清初の『台湾府志《たいわんふし》』（一六八五年）にはこうある。「仙草を搗きつぶして絞った汁に小麦でんぷんを加えて煮たてる。暑い盛りの三伏のころでも固まるので、これに蜜水を合わせて飲むと、暑気あたりを癒すことができる」◆注／1

当時の街には「麺舗《ミイポオ》」や「麺餅舗《ミイピアポオ》」があり、それぞれの店には専門の「餅店《ピアディアム》司阜《サイフウ》」や「包仔店司阜《パウアディアムサイフウ》」（司阜は「師傅《シーフ》」、職人の意味）がいた。

台湾の原住民族と初期の福建・広東からの移民たちは、どちらも小米（ア

『台日大辞典』所載の「牛磨」

ワ）と米とを主食にしており、小麦粉食品は一日三度の食事の間に食べる「点心《ディアムシム》」にすぎなかった。たとえば小吃としての「餅」や「糕」がそれにあたる。◆注／2

今日では、台湾の多くの人が米と小麦粉のどちらも正餐に当てるが、それでも小麦粉だけで米飯を食べないと、腹がふくれた感じがしないという人もいる。

台湾ではいつからパンが焼かれていたか

西洋式にオーブンで焼かれたパンが台湾で作られるようになったのはいつごろのことだろうか？　日本統治時代（一八九五年から一九四五年）からだという人も多いだろう。たしかにパンは台湾語でも「パン」と呼び、これは日本語に由来する。

日本人は確かに「パン」という言葉を台湾にもたらした。それは当時公的な言葉であった日本語に対して、民間での主流であった「台湾語」に溶けこんでいった。しかしパンは決して日本人の発明によるものではない。もちろん日本語の「パン」も、ポルトガル語の「pão」の音訳だ。

ヨーロッパにおける十五世紀半ばから十七世紀半ばにかけてのいわゆる大航海時代、ポルトガル人は十六世紀に日本に到着し、その時パンなどの西洋の食物も伝えたのである。◆注／3

なお、一般に「麵包」という言葉はあくまで華語で閩南語ではないと思われがちだが、清代の『廈英大辭典《かえいだいじてん》』（一八七三年）にはすでに「麵包」が収録されている。◆注／4

日本統治時代の『台日大辞典《たいにちだいじてん》』（一九三二年）にも「麵包《ミイパウ》」が収録され、「菓子麵包（菓子パン）」また「烘麵包（パンを焼く）」という用例も載っている。

日本人は外国の食物を自分好みに改良するのが得意で、それは徐々に日本の伝統的な食物になっていった。明治時代、日本人は伝統的な「菓子」を西洋から伝わった「パン」と融合させ、たとえばかの有名な「紅豆麵包」ことあんパンのような菓子パンを生み出したのである。

日本統治時代には、台湾にはおもに食事用パン「食パン」と「菓子パン」があった。

◆1 中国には「熱は三伏に在り（三伏の時期がもっとも暑い）」という言葉がある。「三伏」とは初伏・中伏・末伏の総称で、一年の中でもっとも暑い七月中旬から八月上旬の三十日から四十日間ほどの期間をさす。

◆2 日本統治時代の文人連横は『台湾語典』（一九三三年）の付録〈雅言〉第一八八小節において以下のように述べている。「台南の点心の豊富なことは、数え切れないほどだ。市場にあるいわゆる担麵（担仔麵）については、台湾じゅうの人々がよく知っていよう。麵はごくふつうのもので、食べるときに熱湯でゆがく。そこに青菜を加え、肉そぼろとエビの出汁で和える。黒酢に胡椒を加えると、湯気がもうもうと上がり、ぷんとよい香りが鼻をつく。夜になってはじめて担いで売り始め、街頭にとどまって屋台ごとに決まった場所がある。呼ばれても別の場所には行かないのは、お客たちの信頼を失わないためなのだ」。

この文は台南の有名な夜の小吃「担仔麵」について書いたものである。名前からすると、もともと担ぎ屋台で売っていた麵なのだろう。むかしは小さな碗を使っていたもので、その小ぶりな碗に盛られた汁麵こそは、台湾人の「点心」の定義にかなったものと言えよう。

◆3 ヨーロッパではポルトガル語で「pão」、スペイン語で「pan」、フランス語で「pain」、イタリア語で「pane」と、発音はどれも似通っている。

台湾語の「パン」を表すために、現在では新たに漢字が作られている。二〇一〇年、台湾のパン職人呉宝春は、フランスのパリで行われた「クープ・デュ・モンド」でチャンピオンとなり、高雄に「呉宝春麥方店」を開いた。これがパンの台湾語（日本語、フランス語なども同じ発音）のためにはじめて作られ、文字に書かれた新字「麦+方」である。

二〇一三年、林正盛監督は呉宝春の成長と奮闘の物語を『27℃ 世界一のパン』という映画にしてスクリーンに映し出した。台湾の教育部は『台湾閩南語常用詞辞典』において、台湾語の「パン」を「麭」と書いているがこの書き方はあまり一般的ではない。

◆4 清末にスコットランド長老教会の杜嘉徳（Carstairs Douglas）が編纂した『廈英大辞典』（一八七三年）では、閩南語廈門方言の「bīn-pau（麵包）」を英語の「bread」に対応させている一方で、閩南語廈門方言の「pau（包）」は英語で「a sort of round soft cake（丸くやわらかなケーキの一種）」と書いている。

別のスコットランド長老教会の牧師甘為霖（William Campbell）編纂の『廈門音新字典』（一九一三年）では、「麵」の発音には「bīn」か「mī」があると書き、「bīn-pau」はすなわち「mī-pau」であるとする。ここでいう「mī-pau」は小麦粉を醗酵させた「麵包」パンのこと。

　また、日本の「揚げパン」も台湾に伝えられた。揚げパンは一般に楕円形に成型されたもので、材料は強力粉に塩・砂糖・卵・バター・イーストなどを加えて種を作り、醗酵させてふくらんだら、パン粉をまぶして揚げる。いちばん一般的なのはカレーパンで、外はカリっと、中はもっちりと揚がったらできあがりだ。これはおそらく今日の台湾の「基隆廟口営養三明治」の原型であろう（「基隆廟口営養三明治」は焼けたコッペパンにパン粉をまぶして揚げ、ホットドッグのように縦に切れ目を入れて具をはさみ、マヨネーズで味つけしたもの）。

　こうして見ると、台湾では清代にはすでにパンが作られていたが、あまり一般的ではなかったのだと言えよう。じっさいには台湾でのパンの歴史は、十七世紀前半のオランダ・スペイン統治時代までさかのぼることができる。『ゼーランディア城日誌』によれば、当時のオランダ人は日常的に小麦で作ったパン「Tarwebrood」を食べていた。オランダ人と華人、原住民族のキリスト教徒は教会での礼拝でもパンやワインを口にしていた。

　オランダ人はまた華人を雇って「Broodbakker」と呼ばれるパン職人を担当させてもいた。オランダ人は当時、パンに砂糖を加えるかどうかやその重量、また雑穀などをまぜられるかどうかなどを法律で規定していた。当時の「寛街」（今の台南安平效忠街。当時はオランダ語で「Breedstraat」と呼ばれていた）には標語として貼りだされていた。

　オランダ統治時代に台南のシラヤ語に訳された聖書の「マタイによる福音書」では、「五つのパンと二匹の魚」の奇跡に登場するパンを「Paoul」と呼んでおり、その発音は閩南語の「包仔《バウア》」に近い。当時のシラヤ語が

揚げパン

閩南語の語彙を吸収していたことが分かる。また、シラヤ語でパン職人を「Soihu」と呼ぶが、これは閩南語の「司阜《サイフウ》」（師傅）の発音とよく似ている。

改めてまとめれば、台湾では福建・広東の移民たちが持ちこんだ故郷の小麦粉食と、オランダ・スペイン、日本の植民時代に伝えられた西洋式のパンが、十七世紀以來、米を主な食糧とする台湾の飲食文化の中に一貫して存在し続けていたということになる。

台湾における小麦粉食の発展

台湾の小麦粉食文化が急激に発展してきたのは、第二次世界大戦の後、中国各省からの移民が大量に台湾に渡って来てからのことだ。その中には中国北方の小麦粉食を主とする地域が含まれており、彼らがさまざまな小麦粉食を台湾に持ちこんだのである。

さらに小麦粉食の発展には、当時ならではの二つの要素による後押しがあった。第一に、アメリカが戦後、国内の生産過剰となった小麦を売るため、他の国々にアメリカ産小麦を輸入するよう勧めたことだ。またアメリカは製粉工業を発展させるための資金・設備・技術を提供するとともに、小麦粉食の栄養学を構築した。

台湾がアメリカの支援を受けていた時期（一九五一年から一六六五年）、各種の民生物資には小麦粉も含まれていた。当時、プロテスタントやカトリックは布教活動の中で小麦粉を無料で支給していたために、人々はふざけてキ

アメリカによる台湾への援助を示すため使われたマーク

リスト教を「小麦粉教」と呼んでいたほどだ。

第二に、台湾は米の産地で、米は一貫して輸出の主力であった。とくに戦後は物資が欠乏し、外貨が不足したため、政府はより多く米を輸出して外貨を獲得しようとはかった。そのため一九五四年から「小麦粉を米に代える」政策を実施し、製粉工業を発展させ、民衆により小麦粉を食べ、米に代えるようにと強く勧めた。このような経緯が重なって、台湾において豊富な小麦粉食文化が発展するに至り、それが今でも続いているのだ。

台湾人は焼餅・油条・餛飩・水餃・小籠包・大饅頭・葱油餅・韮菜盒子などの小麦粉食を食べるようになり、それらはすぐに日常的な食物になっていった。台湾の小籠包で知られる「鼎《ディン》泰豊《タイフォン》」は、台湾の飲食ブランドの代表であるだけでなく、国際市場も開拓し、一九九三年にはアメリカの「ニューヨークタイムズ」紙により世界の十大レストランの一つに選ばれた。

台湾語で「パン」を表すために作られた新字「麦+方」

台湾では、伝統的な麺といえば担仔麺《タアミイ》、切仔麺《チェッガミイ》（摵仔麺）などの油麺（ゆで麺に油をまぶしたもの）と、先に油で揚げて固めておいた意麺しかなかった。戦後、台湾の麺の種類は中国から伝わったもののおかげで豊富になり、陽春麺・広東麺・餛飩麺・麻醤麺・炸醤麺・大滷麺・榨菜肉絲麺などの生麺（「外省麺」とも呼ぶ）が加わり、さらには台湾独自の「川味紅焼牛肉麺」を生み出すに至った。さらにイタリアのパスタ、日本のラーメンなど、外国の麺類も人気がある。

近年、台湾では小麦粉食の消費が増加するとともに、大量の小麦粉が必要になっている。九割以上の小麦粉は輸入小麦から製粉されたものだ。台湾の小麦粉食は米食とくつわを並べ、台湾の飲食文化を豊かにしている。

調味料

台湾はもとより物産の豊富な島であり、山海のさまざまな食材に、それぞれの時代に異なるエスニックグループがもたらした各種の調味料を組み合わせて、多様な台湾料理を作り出してきた。

「調味料」とは食物の味わいを調えるためのものであり、塩、砂糖、酢、醤油などを指す。台湾語でその効果をいうための言葉には「鹹汫《キアムチア》」（塩辛いのと薄味のと）、「芡芳《キアムパン》」（ネギやニンニクを油で炒めて香りを引き出す）、「圧味《アアビイ》」（くさみ消し）などがあり、食物のもつ美味や風味を増すのに用いられてきた。

台湾は海に浮かぶ島であるため、塩業は一貫して専売制を取り二〇〇二年になるまで続いていたが、塩は比較的容易に手に入れられた。また台湾の気候はサトウキビを育てるのに適していたため、原住民族は早くからサトウキビを植えていたと考えられ、オランダ統治時代にはすでに製糖産業が発展しており、砂糖についても不足していなかった。台湾は塩と砂糖に困ることはなく、基本的な調味料をすでに備えていたといえる。

台湾の原住民族由来の調味料

台湾の原住民族がしばしば使う調味料の中で、もっともよく知られているのが刺葱と馬告だ。

刺葱

カラスザンショウ（学名*Zanthoxylum ailanthoides*）はミカン科サンショウ属の落葉広葉樹の高木で、中度もしくは低度の海抜の山あいに育つ。華人の中では薬食兼用の「食茱萸」と呼ばれ、枝にとげが密集しており、また辛みのある香りを持つため、台湾語では「刺葱《チイサン》」と呼ばれ、俗に「鳥《チァウ》不《ム》踏《タァ》」とも呼ばれる。

刺葱はおもに葉を食用にする。山椒やレモン、レモングラスが混じったような香気を持ち、魚や肉、豆類と調理するとくさみを抑えて風味を増す。

古くから台湾における平地と山地の原住民族は刺葱を使った調味を心得ていた。現在でも多くの原住民族の言葉と、平埔族と総称される民族のパゼッヘ語、シラヤ語などでも、刺葱を「Tana」と呼ぶ。◆注／1

今日では、南投の刺葱油、刺葱醤、刺葱酒、刺葱餅、刺葱蛋糕などが、地方の特産物となっている。

刺葱（食茱萸）

馬告

アオモジ（学名*Litsea cubeba*）は、クスノキ科ハマビワ属の落葉広葉樹の高木で、おもに中度もしくは低度の海抜の山あいに育つが、海抜が高くても成長できる。華人はその果実を調味料に用いる。形が胡椒に似

◆1　台湾行政院原住民族委員会編纂のインターネット上辞典『原住民族語言線上詞典』には、ブヌン語、タイヤル語、サイシャット語、アミ語、サアロア語、カナカナブ語、プユマ語、パイワン語などが収録されているが、どれも刺葱をTanaかそれに近い音で呼んでいる。その他、サオ語ではTatanaq、セデック語でSangas、タロコ語ではBungugと呼ぶ。上述した各民族の言語には刺葱を使った例文も多い。「料理にはみな刺葱を加える」、「刺葱の炒り卵はうまい」、「魚の汁に刺葱を入れるとうまい」、「刺葱とずいきを煮るとうまい」、「刺葱はどんな食材といっしょに煮てもうまい」といった具合である。

ていることから「山胡椒」と呼び、台湾の原住民族タイヤル族はこの植物を「馬告《マーガオ》」（タイヤル語でMaqaw）と呼んできた。◆注／2

　連横『台湾通史《たいわんつうし》』「木之属」には「山胡椒、実は小さいが香り高く、北番はこれを取って『塩（調味料）』とする」とある。この「山胡椒」がすなわちタイヤル族のいう「馬告」だ。

　雪山山脈の棲蘭山区はベニヒノキなどの「神木」で知られており、台湾の原住民族タイヤル族が伝統的に暮らす土地でもある。タイヤル族はこの地域に山胡椒が多いことから「馬告」と呼んできた。これが「馬告檜木国家公園」の名の由来である。そのため、「馬告」は原住民族の言葉から華語となった食物の名で、台湾ではほとんどの場所で山胡椒を「馬告」と呼ぶ。

　馬告の果実は乾燥した後には黒くなり、生姜やレモングラスのような香りを持つ。タイヤル族は馬告をつぶし、水に漬けて飲んだり、肉のスープを作ったりする。タイヤル族にとっては、馬告は料理の味つけ、胃の調子を整え精力を増すといった効能のほか、多くの実をつける様子から生気に満ち溢れ、子孫が繁栄するといった寓意もあるとされる。

　今日では「馬告鶏湯」、「馬告香腸」、「馬告烤鶏」、「馬告烤鴨」、「馬告蒸魚」などが原住民族風味の料理として作られるようになっている。

馬告

福建・広東移民がもたらした調味料

台湾における初期の福建・広東移民は、中華料理によく使われるたくさんの調味料を台湾にもたらした。たとえば酢や醬油、花椒、胡椒などだ。

胡椒は南インド原産で、唐代にはすでに中国に伝わっていた。中国にはもともと花椒があったので、外国「胡」から伝わったものとして「胡椒」と名づけられた。南インドの胡椒は十六世紀にはインドネシア、マレーシアで植えられており、台湾の胡椒も東南アジアから直接伝わった可能性がある。◆注／3

台湾の初期の歴史においては、往来の対象は決して中国だけではなく、東アジアの琉球や日本、そして東南アジアも含んでいた。十六世紀以降、台湾にはおもに二つの大きな共同文化圏があった。一つは原住民族の属する「オーストロネシア語族文化圏」であり、もう一つは閩南語系をはじめとする「漳州・泉州・潮州文化圏」である。こうした背景のもとで、南アジア生まれのカレー、東南アジアのサテなどが文化圏の中で伝わってきた。カレーやサテは十九世紀中葉には福建の漳州・泉州や広東の潮州・汕頭一帯で流行しており、これが台湾にも影響を与えた。しかしカレーは日本統治時代に、サテは戦後にさらに流行するようになって

◆2　台湾のその他の原住民族も馬告を食用にするが、名称はやや異なる。たとえばサイシャット語ではmae'aew、サオ語ではma'fɨなど。

◆3　「辣椒」トウガラシ、「胡椒」コショウ、「花椒」カショウはどれも「椒」の字がつくが、トウガラシはナス目、コショウはコショウ目、カショウはムクロジ目と、まったく異なる植物である。カショウは中国原産であるが、コショウは南インドか東南アジア原産とされ、早くから中国に伝わっていた。トウガラシは中南米原産で、スペイン人によってヨーロッパに持ち帰られ、十六世紀から東南アジアに伝わり、十七世紀以後にはじめて中国、日本に伝えられた。

いった。

「豆油《タウイウ》」こと醤油は大豆に塩と水を加えて醗酵させて作る。おそらく中国では唐代には醸造されるようになり、その後に日本や韓国に伝わり、東アジア地域の特徴的な調味料となった。中華料理にはさらに欠くことのできないものである。

醤油は大豆を原料として作られた「豆の風味のついた濃い塩水」であるが、こうした調味料の性質から見ると、醤油よりもさらに早くから食べられていた調味料がある。それは大豆よりも手に入れやすい魚類を原料として作られた「魚の風味のついた濃い塩水」こと「鮭汁」であった。

鮭汁と魚露

アメリカの言語学者ダン・ジュラフスキーの研究によれば、五世紀以前に、中国南方の沿海部の住民たちは魚を塩漬けにして保存食にしていたし、また彼らは生の魚と炊いた米と塩を甕に入れて竹の葉で覆い、醗酵するにまかせてできあがっ

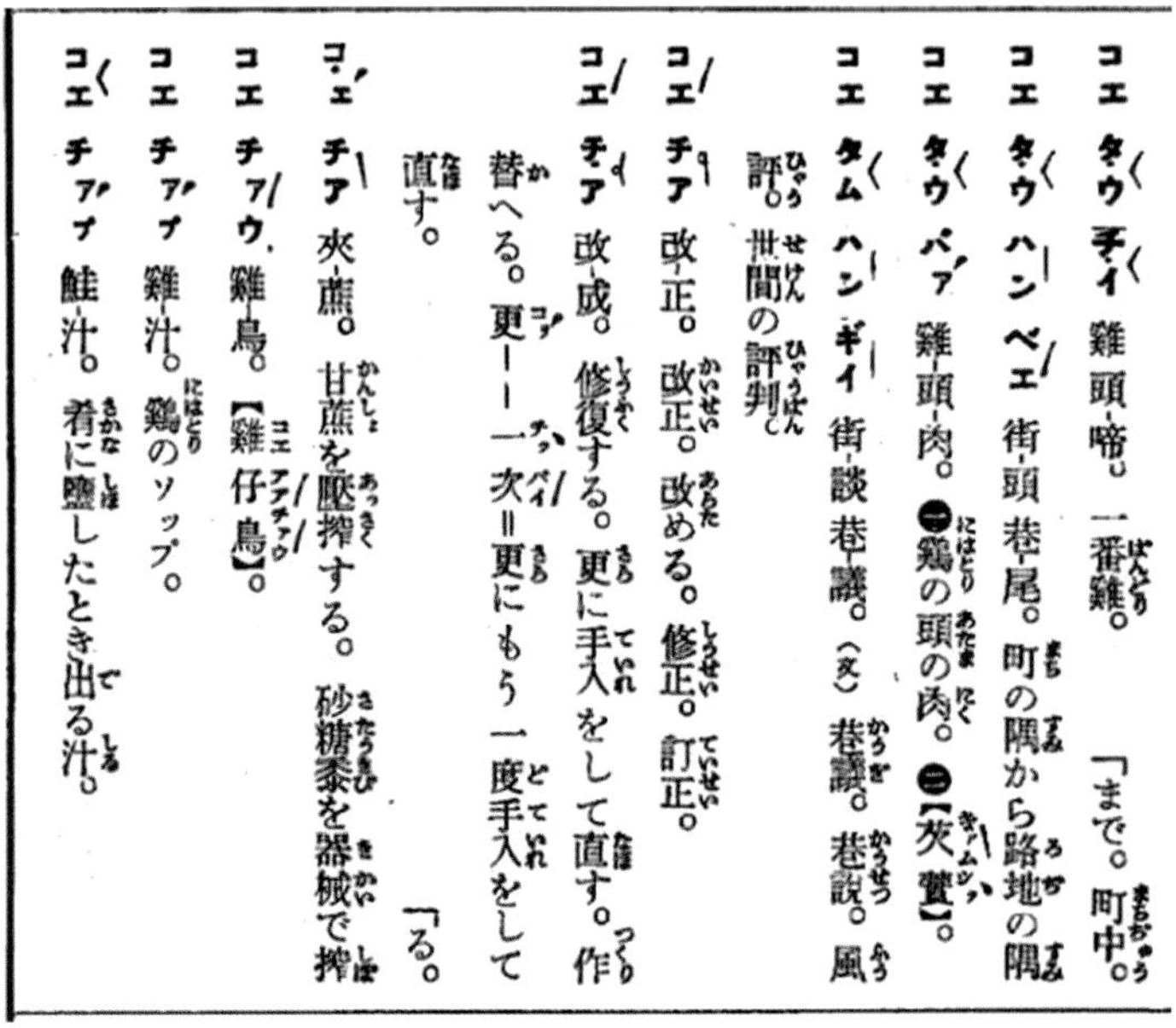
コエ タウ チイ 雞頭啼。一番雞《ばんどり》。「まで。町中《まちぢゅう》。
コエ タウ ハン ベエ 街頭巷尾。町《まち》の隅《すみ》から路地《ろぢ》の隅《すみ》
コエ タウ バア 雞頭肉。㊀鶏《にはとり》の頭《あたま》の肉《にく》。㊁【芡實《キァムシッ》】。
コエ タム ハン ギイ 街談巷議。（文）巷議《かうぎ》。巷說《かうせつ》。風《ふう》
評《ひやう》。世間《せけん》の評判《ひやうばん》。
コエ チア 改正。改正《かいせい》。改《あらた》める。修正《しうせい》。訂正《ていせい》。
コエ チア 改成。修復《しうふく》する。更《さら》に手入《ていれ》をして直《なほ》す。作《つくり》
替《か》へる。更《コァ》一一次＝更《さら》にもう一度《ど》手入《ていれ》をして
直《なほ》す。「る。
コエ チア 夾蔗。甘蔗《かんしよ》を壓搾《あつさく》する。砂糖黍《さたうきび》を器械《きかい》で搾《しぼ》
コエ チアウ 雞鳥。【雞仔鳥《コエアアチアウ》】。
コエ チアプ 雞汁。鶏《にはとり》のソップ。
コエ チアプ 鮭汁。肴《さかな》に鹽《しほ》したとき出《で》る汁《しる》。

1932年出版の『台日大辞典』には「鮭汁」の項がある

た食物を福建の言葉の音訳で「ケチャップ」と呼んでいた。「ケ」は塩漬けした魚、「チャップ」は漬け汁のことだ。十七世紀に、ヨーロッパから東アジアに向けてやってきたイギリス、オランダの水夫や商人たちは、こうした「ケチャップ」をはじめとする中国の塩漬け魚やその漬け汁を故郷に持ち帰った。のちにこれがトマトソースの「ケチャップ」の由来となった。◆注／4

これらの魚、エビ、カキ、貝類を塩漬けにした汁を台湾における初期の漳州・泉州語では「鮭汁」（ケチャップ、ケエチァプ）と呼び、華人と原住民族がともに作ることができたと考えられる。◆注／5

醃魚の鮭汁は、「魚鹵《ヒィロオ》」とも呼ばれ、おそらくこれが魚醤を意味する中国語の「魚露」の語源と考えられる。◆注／6

◆4　ケチャップはもともと卓上の調味料を指し、その後トマトを使ったソースのことを指すようになった。その語源については、オランダ語の権威ある「厚いファン・ダール」こと『オランダ語大辞典』も同様の説を取っている。インドネシアやマレーシアでは、大豆から作った醤油も含む各種の調味用のソースを総称して「ケチャップ」と呼んでおり、その語源も福建語の「ケチャップ」である。

◆5　台湾の清代の地方志の記載によれば、台湾には「魚やエビを塩漬けにして鮭を作る」風俗がありそれを土地の名産としていたとあり、「ケチャップ」の「ケ」は「鮭」の字を使っている。文中に言う塩漬けの魚を作っている「人」は華人の可能性も原住民族の可能性もある。台湾では、今日でもわずかな漁師が魚やエビ、巻き貝やカキをつかった各種の「鮭」を作っている。現在、「鮭」の字はすでにサケを指すようになっているため、教育部の『台湾閩南語常用詞辞典』は同音の「膎」に代えている。「膎」の字を使うのには根拠があり、『説文解字』には「膎」は「脯」であり、干し肉の意味だとあり、中国の古い韻書には「膎」は食物を保存する方法であると書くものがある。たとえば、「備蓄の食料を総じて膎という」（『説文』徐鍇注）、「呉の人は魚を塩漬けにして膎脯を作る」（『集韻』）。『廈英大辞典』（一八二七年）には、当時の廈門の語彙である「鮭汁」（コエチァプ）を収録し、英語で「魚か貝を塩漬けにした汁」と解釈してある。

◆6　『廈英大辞典』には「魚鹵」（ヒイロオ）も収録しており、そちらには「塩漬けにした魚から出た汁」とある。ここからすると、「魚鹵」は「鮭汁」の一種であり、「鮭汁」は各種の海産物を漬けるものだが、それも多くの場合は魚を使っていたようだ。「魚鹵」という言葉はつまり現在ふつうに言うところの「魚露」なのだろう。「鹵」は「露」と「ロオ」という発音が同じだが、「鹵」には「塩」もしくは「にがり」の意味があり、「塩鹵（イァムロオ）」というのは湿気を吸って溶けてしまった塩を指すから「鹵」こそが正字なのだろう。日本統治時代の『台日大辞典』（一九三二年）にも「鮭汁（コエチァプ）」が収録されており、「肴に塩したとき出る汁」とするが、すでに「魚鹵」の字は見えない。

福州人はエビや魚から作った鮭汁や魚露を食べ、福州語ではこれを「蝦油《ヘエイウ》」と呼ぶ。台湾ではかなり前にはよく「鮭」を粥に合わせていたし、その漬け汁は調味料として調理に使っていたが、現在ではすでに見かけることが少なくなっている。

今日、ベトナム料理やタイ料理ではしばしば魚醤を使うのに、中華式の料理では見ることが少ないのはなぜだろうか？　おそらくは中国ではのちに醤油が魚醤に取って代わってしまい、一方ベトナムやタイでは魚醤を作る伝統を今に残しているのだろう。

「鮭汁」という言葉は現在の台湾ではほとんど聞くことはないが、近年タイ・ベトナム料理の流行にしたがって、しばしば魚醤が料理に入れられているのを目にするようになった。

紅糟

福建料理の主流である福州料理が台湾料理に与えた影響は大きい。その福州料理においてもっとも代表的な調味料といえば紅糟《アンサウ》で、台湾にも早くから伝わっていた。

紅糟は紅麹酒を醸造してしぼった後に残った酒かすのことで、鮮やかな赤色で酒の香りがし、やや酸味があり、色づけもしてくれる調味料として使われる。◆注／7

基隆と福州は海を隔てて遠くないため、古くから船での往来があった。一六二六年にスペイン人が「鶏籠（和平島とも、当時の基隆）」を占領したさい、島に華人の小さな集落があったことに触れているが、そこはのちに「福州街」と呼ばれる場所に位置していた。◆注／8

紅糟肉円

そのことからしても、福州の移民は早くから紅糟を使った料理を基隆にもたらしていたと考えられる。

台湾北部で主流の紅糟入りの肉円は、福州にその源流がある。「糟」の華語の発音は「ザオ」で、そのため「紅糟《ホンザオ》」は音の近い「紅焼《ホンシャオ》」と書き誤られることが多かった。基隆の紅焼肉、紅焼鰻などは、みな材料を紅糟に漬けてから調理したものだ。他にも、基隆には紅糟を加えた牛肉麵もある。

紅焼鰻

◆7　紅麹と紅糟の違いは以下のように説明できる。麹は台湾語で「カク」、米か麦を蒸して麹種を混ぜ、麹菌を繁殖させ、醗酵させてから乾かしたものをいう。酒の材料に混ぜて酒を醸造できる。糟は台湾語で「サウ」、酒を醸したあとのかすのことをいう。

紅麹菌　紅色の麹菌。

紅麹　紅麹菌からできた麹。

紅麹酒　紅麹を水に溶き、ふかしたもち米と混ぜて醸造し濾した酒。

紅糟　紅麹酒の酒かす。紅糟は福州料理でしばしば用いられる調味料であり、天然の着色料である。魚や肉を漬けると色が赤く変わり酒の香りがつく。

◆8　一六二六年にスペイン人が作った地図には、和平島に「Rancheria de los Naturales」（現地人の小集落）と書かれているものの、島にはおそらく原住民族だけでなく華人も住んでいた。イエズス会神父ジョアン・ジラン・ロドリゲスが書いた、イエズス会本部に送った一六一一年度日本年報報告では、台湾のこの土地の住民は外国人を敵視しており、中国人とのみ友好的につきあっているとしている。また『大台北古地図考釈』では、和平島に並んだ家が漢人の集落「福州街」であったと分析している。

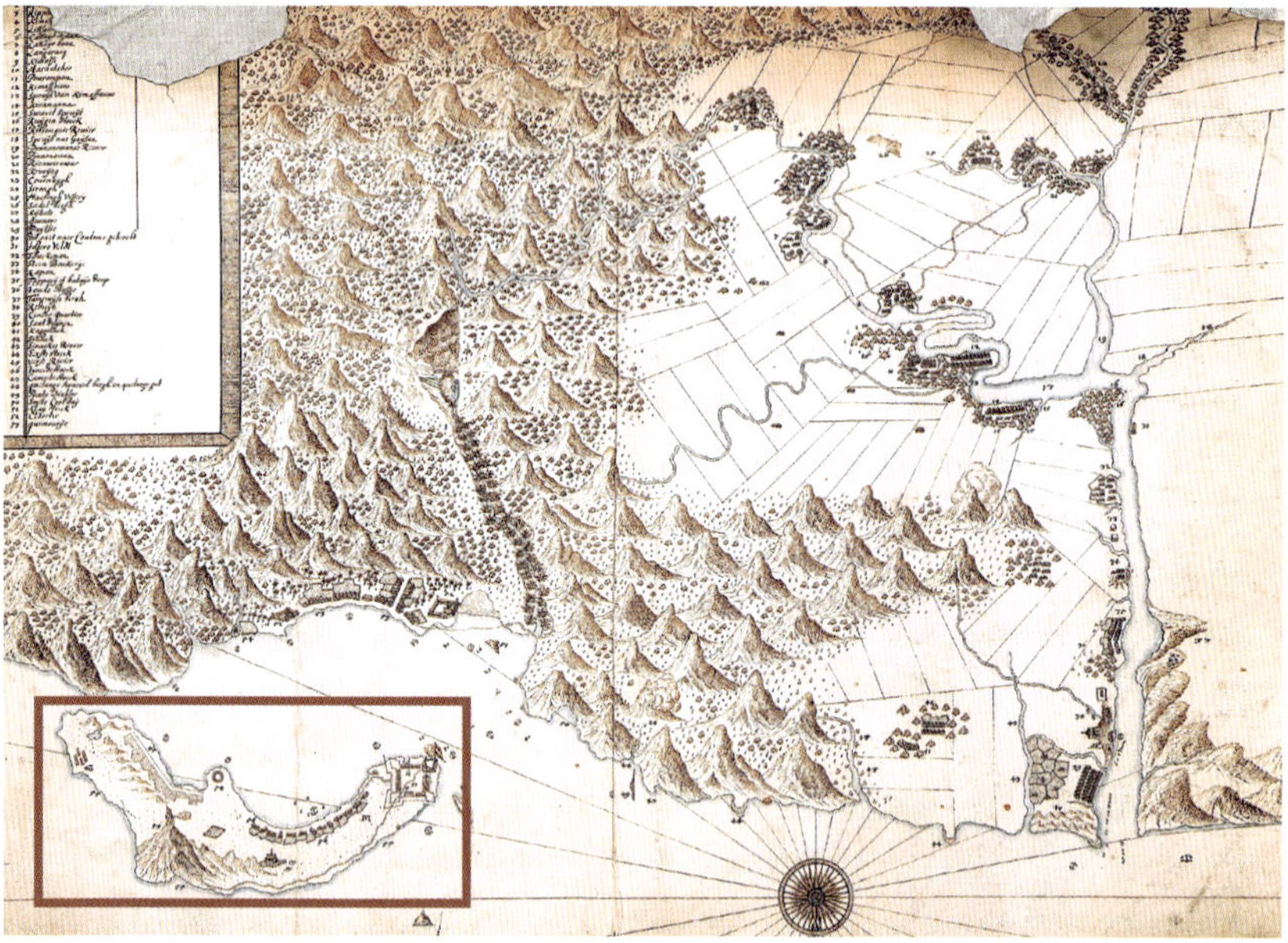

1654年『大台北古地図』の和平島には家が描きこまれている

1626年にスペイン人の描いた基隆港の地図の和平島にも
現地人の集落が見える

日本統治時代にもたらされた調味料

日本統治時代（一八九五年から一九四五年）に、日本人は台湾の原住民族と初期の福建・広東からの移民たちにとって見たことのない調味料をもたらしていった。

醤油と白醤油

初期の福建・広東移民は故郷から醸造した醤油とその技術を持ちこみ、多くの家庭で醤油を自家製するようになったのと同時に、醤油店が商品として売ってもいた。

雲林の西螺を中心とする台湾の中南部地域には、黒豆を原料に伝統的な甕で醸造した醤油があり、それを台湾語では「蔭油《イムイウ》」と呼ぶ。台湾語の「蔭《イム》」には覆いをかける意味があり、黒豆を焼き物の甕の中で長い時間をかけて醸造する過程を「蔭」という。豆豉は台湾語で「蔭豉仔《イムシイア》」と呼び、瓜の醤油漬けを台湾語では「蔭瓜《イムコエ》仔《ア》」と呼ぶ。

日本統治時代に創業した西螺の醤油の有名店には一九〇九年創業の丸荘醤油、一九一一年創業の大同醤油、一九二一年創業の瑞春醤油などがある。

日本では中国と同じく「醤油《しょうゆ》」という漢字を使い、醤油を醸造し、味つけに非常によく使う。また工業化された量産型の醤油も現れた。日本の醤油の最大手であるキッコーマンは一九一七年創業で、日本や台湾などの土地で広く受け入れられて今に至る。

日本人はまた一般的な黒い醤油と異なる「白醤油」をも作り出した。日本の醤油の原料は大豆と小麦で、ふつう大豆のほうが小麦より多く使う。対して白醤油のほうは小麦を大豆よりも多く使う。その比率は九対一か八対二で、透明な琥珀色をして味もやや甘いので、汁ものや鍋料理に適している。

日本の白醬油の影響で、台湾でも「白豆油」が作られるようになった。これは透明な醬油で、汁ものに入れても直接かけてもよく、塩やうま味調味料の代わりになり、「死鹹《シイキアム》」(やたらに塩辛い味)を避けられると宣伝されている。

「鬼女神」を商標とした白豆油は、戦後の初期には台湾最大の醬油ブランドで、一般家庭にも一時はよく売られており、その後勢いはなくなってからも、今でも多くの小吃の屋台や小店、台湾料理の出張料理人「総《ソン》鋪師《ポオサイ》」たちはまだ使っており、味つけの秘訣となっている。

「鬼女神味原液」の公式サイトによれば、この製品は日本統治時代の台北商人陳順天が作ったもので、当時、日本の水野博士が配合を研究開発したものだという。おもな原料は大豆、小麦、塩、醬液であり、戦後の一九四七年に日本で厄除けに使われる「鬼女神」から名づけられ、量産されるようになった。当時この新発売の無色の醬油は台湾語で俗に「鬼仔標白豆油《クイアピァウペエタウイウ》」と呼ばれた。

しかし、今の「鬼女神味原液」は、主な原料は「水、大豆アミノ酸液、食塩、調味料」と表示され、価格は一般的なブランドの醬油よりもずいぶん安い。

味の素

人類の調味料の歴史において、日本が重要な発明をしたのが「味精」だ。

人類の舌にある「味蕾」が受け取ることのできる「味覚」は、伝統的には四種類だけだと考えられてきた。すなわち酸味、甘味、塩味、苦味である。中国には早くから「五味」の説があり、「甜」「酸」「苦」「辣」「鹹」であるが、そのうち辛味にあたる「辣」はじっさいには味蕾でだけ感じることのできる味覚ではなく、体のあらゆる部分の神経で感じ取ることのできる痛覚である。

一九〇八年、東京帝国大学（現在の東京大学）教授、化学者である池田菊苗《いけだきくなえ》が昆布の中から「グルタミン酸」の独特な美味を発見しそれを「うま味」と名づけた。この言葉は「うまい」という形容詞と「味」を組み合わせたもので、日本語では「旨味」と書く。

「昆布」と「鰹節」から煮出した「出汁」は、日本料理における基本的な調理技法のひとつである。

のちに「うま味」は科学者たちによって五番目の味覚であることが認定され、日本語のローマ字で書かれた「Umami」がそのまま英語になり、中国語ではこれを「鮮味」と称する。

池田菊苗はグルタミン酸の製造法の特許を取得したのち、一九〇九年に「味の素」と名づけた調味料を製品として販売し始めた。

当時、「味の素」は台湾でも販売され、台湾語ではそれを「味素《ビイソオ》」あるいは「味素粉《ビイソオフン》」と呼んだ。「味精《ウェイジン》」はのちに中国から伝わって華語として使われるようになった言葉だ。

一九一三年、日本の化学者小玉新太郎《こだましんたろう》はまた「鰹節」から別のうま味物質である「イノシン酸」を発見した。

また一九五七年、日本の化学者国中明《くになかあきら》がさらに干し椎茸から「グアニル酸」を発見し、またグルタミン酸、イノシン酸、グアニル酸が結合してうま味の相乗効果を生み出すとも指摘したのである。

のちに味の素にはさまざまな商品が生み出され、昆布、鰹節、椎茸が結びついたうま味を強調するものもある。また日本では昆布、鰹節、椎茸のうま味が入った醤油も売り出された。

1909年の「味の素」のパッケージ

しかし長年にわたり、うま味調味料（グルタミン酸）は健康に害があり、いわゆる「チャイニーズレストランシンドローム」の恐れがあり、頭痛、胸の圧迫感、顔面紅潮、動悸などの症状を引き起こすと疑われてきた。近年になって、ようやく医学界はグルタミン酸ナトリウムは食品添加物として安全であると発表するようになっている。

二〇一六年七月に出版された『康健雑誌《こうけんざっし》』には、台湾の有名看護師である譚敦慈の「私は『爆香』はしないが味精は使う」と題した文章が載せられている。そこでは、もし料理を作るときにうま味を足したい時には、グルタミン酸ナトリウムの成分がもっとも単純なうま味調味料を使うことを薦めている。

味噌

味噌《みそ》は日本料理にとって大事な調味料で、大豆、米、麦、塩、酒精などを原料として醗酵させた食物である。◆注／9

日本の味噌類は中国の豆醤に近く、中国に由来するという説がある。台湾の華人も豆醤を取り入れており、清代にはすでに専門に豆醤を作る「豆醤間」があった。

日本では、各地の味噌の製法は異なり、一般には色によって大きく「赤味噌」「白味噌」の二つがあり、一般には調味料としてさまざまな料理に用いる。また味噌を使った食べものとしては、魚の身と合わせて煮こんだ鯛みそなどの「魚味噌」、豚肉と煮こんだ「豚味噌」などもある。

味噌はしばしばワカメ、豆腐、魚介などを入れて味噌汁に仕立てる。これが日本でもっとも一般的な汁ものだ。

台湾では味噌汁「味噌湯」も人気があり、日本料理店以外でも飲むことができる。ふつうは安価な弁当店やセルフサービスの食堂などで、おまけに付いてくる無料の汁ものとしても食べられている。しかし時には高価な海鮮料理店でも鮮魚やカニ、伊勢えびを使って味噌湯を作ることがある。

味噌は台湾で現地化する度合いが高く、台湾の伝統的な調味料に溶けこみ、今では「味噌辣椒醬」や「味噌醬油膏」なども現れている。

柴魚

「鰹節《かつおぶし》」は日本料理の味つけの基礎になるものと考えられており、台湾語ではこれを「柴魚《サアヒイ》」、中国では「鰹《ジエン》魚乾《ユーガン》」、「柴魚片《チャイユーピエン》」と呼ぶ。◆注／10

カツオは日本では漢字で「鰹」と書く。カツオから作った鰹節がたいへん堅いので、日本語では魚に堅いと書くのだという。一本丸ごとのものを「鰹節」、削ったものを「削り節」、とくに薄く削ったものは「花かつお」と呼ぶ。

なぜカツオを鰹節にするのかといえば、カツオはそのままでは臭みが強く腐りやすいためだ。鰹節にすれば保存がきくだけでなくうまみが増す。これは日本の食文化の知恵といえよう。煮熟、焙乾、乾燥、かびつけなどの複雑な工程を経て作られ、世界で最も硬い食べものとも言われ、かんなのような刃物で削ってはじ

◆9 「味噌」は日本語の漢字語彙で、そのため伝統的な中国語辞典には収録されていない。台湾では、味噌の台湾語は日本語から援用して「ミソ」と呼び、華語では「ウェイツォン」と読むが、中国語では「噌」は相手を責め罵る意味である。

◆10 広東語でいう「柴魚」は、一匹丸ごと干した魚のことで、英語でいう「ストックフィッシュ」を指し、その多くは干ダラのことである。日本の鰹節は広東語では「日式柴魚」と呼ぶ。

める食べられる。

　花かつおを直接料理の上にかけて風味を増すこともあるが、鰹節は多くの場合は出汁を取るのに使われる。「かつおだし」は独特の美味をそなえ、油がまったく浮かない黄金色の「高湯」だ。鰹節と昆布からとった出汁こそが日本料理の基礎となっている。

　台湾の東側を流れる黒潮からはカツオがよく獲れる。台湾では日本統治時代に鰹節の製造技術が導入され、鰹節を生産して日本に売っていた。日本人はまず基隆に「鰹節工場」を設立し、その後はさらに宜蘭、花蓮、台東、緑島に広げていった。一九二三年、日本政府は基隆に「基隆鰹節試験工場」をも設立し、鰹節製造の改良も行った。

　台湾では日本統治時代には大量の鰹節が作られていたが、第二次世界大戦中にじょじょに減少し、そのまま戦後に至った。

　現在では、台湾では宜蘭と台東だけに鰹節工場が残されている。花蓮新城の七星潭集落に残されたままになっていた鰹節工場跡は、二〇〇三年に「七星

基隆の鰹節工場で魚をさばく様子。1910年から台湾では鰹節が作られ、台湾全体で15の工場があった

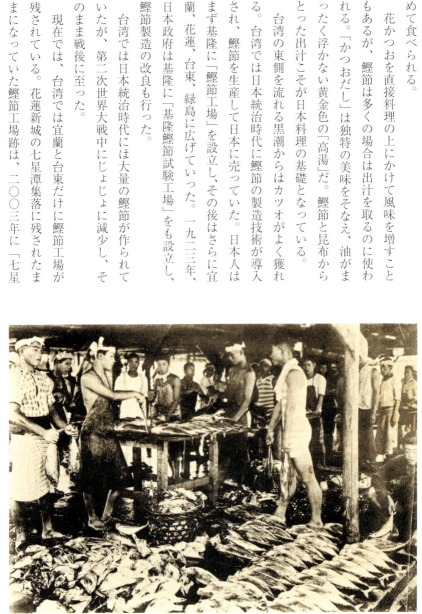

柴魚博物館」に利用され、台湾唯一の鰹節をテーマにした産業博物館として観光地になっている。

台湾では鰹節は現地の食文化に溶けこんでおり、台湾人は粥を食べるさいに甘めの鰹節の佃煮「蜜汁芝麻柴魚酥」を合わせるし、皮蛋豆腐を食べるさいに刻みネギに花かつおをかける。またかつおだしをスープに使うこともある。

台湾の小吃「麵線糊《ミィスアンコォ》」（とろみスープのそうめん）の多くはかつおだしを使っている。福建で伝統的に使われる豚骨の高湯とは違い、さっぱりとして甘みがある。台北西門町の有名な「阿宗麵線」は、かつおだしを使っており、日本の観光客にとっても大人気の台湾小吃になっている。

マヨネーズ「美乃滋」

マヨネーズは台湾人が好む調味料であり、しばしば「沙拉醬」と呼ばれるが、じっさいのところマヨネーズはサラダ「沙拉」に使われるさまざまな調味料のうちのひとつにすぎない。

マヨネーズはフランス語に由来する名で、こうしたサラダ用の調味料は十八世紀にフランスのレシピ集に見えるようになる。マヨネーズの原型は植物油、卵黄、酢またはレモン汁を完全に混ぜ合わせ乳化させてできた半固体状のサラダ用調味料だ。

マヨネーズはもともと手作りするには手間がかかるために高価だった。自動の撹拌機が発明され安く作れるようになってから、一般に流行するようになった。

一九二五年、日本のキユーピー食品の前身である食品工業株式会社がマヨネーズを売り出し、これが日本人による製造の元祖となり、日本語で「マヨネーズ」と呼ばれるようになった。

台湾には日本統治時代に日本のマヨネーズが伝わったことから、音訳名が台湾語に入ることになった。しかし南台湾ではその色と酸味から「白醋」と呼ぶ。今日でも、嘉南地区でよく知られる「白雪牌沙拉醬」の包装には「白醋」とも書かれている。

その他、嘉義人は中国式の涼麵にもマヨネーズを加える。すると台湾全土でもここにしかない「白醋涼麵」になるわけだ。

伝統的なマヨネーズは卵黄だけを使うことから黄色みが強く、やや酸味があって甘くない。しかし台湾のマヨネーズの多くは全卵を使い、場合によっては乳清タンパクも加えて、また砂糖を多く使うので、色が白っぽく、酸味が弱く甘味が強い。

台湾人はマヨネーズを生野菜のサラダに使うほか、涼筍（緑竹のたけのこ）を食べるさいにも多くはマヨネーズをつけるし、海鮮料理店の大正えびや伊勢えび、トコブシなどにもしばしばマヨネーズをかける。台湾料理として有名な「鳳梨蝦球」（エビとパイナップルのマヨネーズ風味）も、最後にマヨネーズを加えて和えてはじめて完成する。

カレー

カレーはインド南部のタミル語に由来するとされ、さまざまなスパイスを合わせて作った調味料で、組み合わせは複雑で一様ではない。主要な材料はターメリック、クローブ、シナモン、ナツメグ、トウガラシなどだ。カレーはヨーロッパ、東南アジアおよび全世界に次々と広まり、各地の料理と結びついて、さまざまな風味と異なる食べかたのカレー料理を生み出していった。

日本では明治維新期にイギリスからカレーがもたらされ、庶民のための料理として喜ばれるようになっていった。日本人は果物や野菜を加え、バターと小麦粉で作ったルーによって粘度を高め、いわゆる日本式のカレーを作り出したのである。
一般的には、日本統治時代に日本から台湾にカレーがもたらされたと考えられている。たしかに当時、台湾でも日本から輸入されたカレー粉が売られていた。しかし『廈英大辞典』（一八七三年）にはすでに英語のカレーに対応する廈門語の「ka-lí」（漢字で「加里」）が収録されており、清代の廈門にはすでにカレーがあったことが分かる。台湾では一貫して廈門との往来が密であったことから、台湾でもすでに清代にカレーが伝わっていたと考えられる。

日本統治時代初期に日本人が「台湾料理法」を整理したさい、「汁物」の項目にすでに「加里鶏」「加里蝦」「加里魚」の文字が見える。

『台日大辞典』（一九三二年）もいくつか台湾の「加里」料理を収録しており、その中には「加里飯《カアリイプン》」（カレー風味の炒飯）、「加里肉《カアリイバア》」（豚肉のカレー）、「加里水鶏《カアリイスイコエ》」（カエルのカレー）などが含まれ、ネギ、タケノコ、マツタケ、じゃがいもなどの野菜といっしょに煮こむと書かれている。

こうして見ると、台湾にはそれ以前からカレーは伝わっていたが、日本統治時代にさらに流行するようになったと考えられよう。

基隆は日本統治時代には、台湾における日本からの「玄関」であり、当時、基隆の人口の四分の一が日

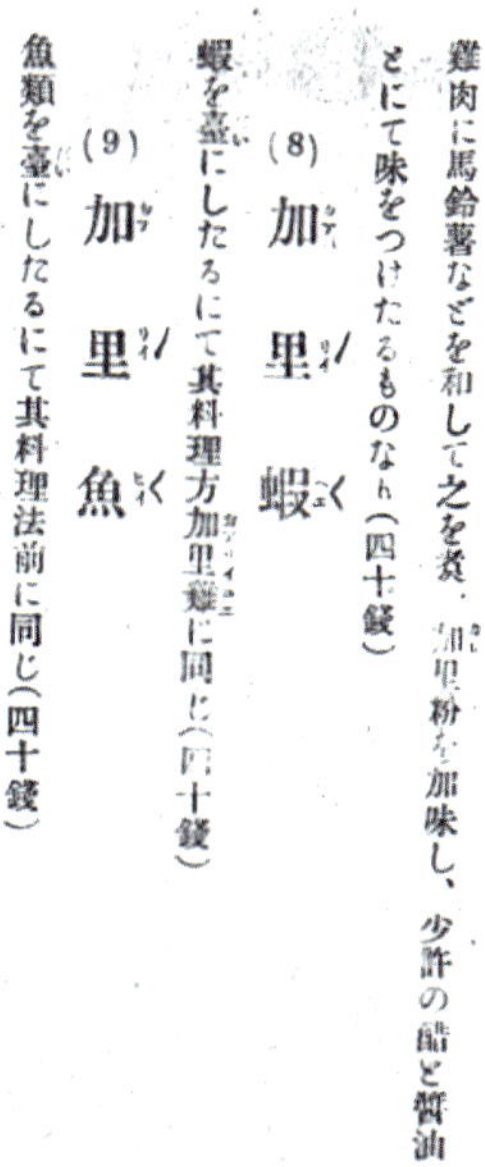
（7）加里雞
雞肉に馬鈴薯などを和して之を煮、加里粉を加味し、少許の鹽と醬油とにて味をつけたるものなり（四十錢）
（8）加里蝦
蝦を羹にしたるにて其料理方加里雞に同じ（四十錢）
（9）加里魚
魚類を羹にしたるにて其料理法前に同じ（四十錢）

「台湾料理法」に見えるカレー料理

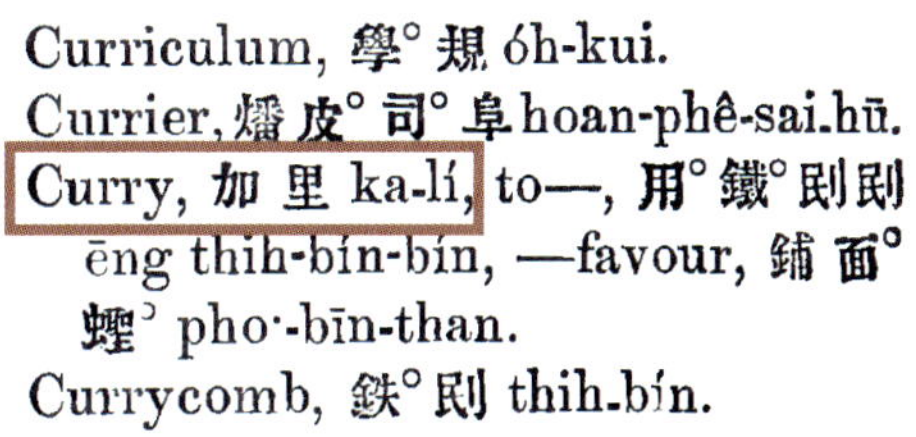
Curriculum, 學° 規 óh-kui.
Currier, 燔皮° 司° 阜 hoan-phê-sai-hū.
Curry, 加 里 ka-lí, to—, 用° 鐵° 刞刞 ēng thih-bín-bín, —favour, 鋪 面° 蟶 pho·-bīn-than.
Currycomb, 鉄° 刞 thih-bín.

『廈英大辞典』には英語の「Curry」に対応する廈門語「加里」が見える

本人だった。あるいはこれが基隆の料理にカレー粉が多く使われる原因であるかもしれない。基隆では、多くの店で炒飯や炒麵（やきそば）を注文するさいにカレー粉を加えるよう選べるし、カレースープを使った「咖哩湯麵」もある。基隆の糕や餅にもカレーの風味をつけるものがある。たとえば潤餅に包むキャベツは先にカレー粉で炒めてある。基隆廟口には、先に揚げてから煮こむ有名な排骨飯があるが、その煮汁にもカレー粉が入っている。

戦後に中国各地からの移民がもたらした調味料

戦後、中国各省の移民も調味料をもたらし、台湾料理の調味をさらに多様なものにした。

沙茶

「沙茶《サアテエ》」とは茶ではなく、インドネシア語で串にさして焼いた食物「サテ」（マレー語で「サテイ」）を中国語で音訳した「沙嗲」から来ている。

サテは東南アジアで流行し、サテにつけるソースを「サテソース」と呼ぶようになった。主な材料はピーナッツパウダーだが、それぞれ造り手によって異なる。その他の材料としてはココナッツミルク、醬油、南姜、タマリンド、赤砂糖、ニンニク、トウガラシ、またコリアンダーシードやフェンネルシードなどをスパイスとして入れる。インドネシア語では「Bumbu kacang」と呼ばれ、これは直訳するとピーナッツソースという意味になる。そこで英語ではサテソース、とかピーナッツソースと呼ばれた。じっさい、十九世紀を通じてピーナッツソースは流行し、ヨーロッパに多く輸出された。◆注／11

東南アジアに渡った初期の潮州・汕頭移民たちが、サテソースを故郷に持ち帰り、味つけを工夫した。おもにピーナッツの量を減らし、干し魚（扁魚）や干しエビを加え、紅葱頭や、漢方薬材を加え、大豆油で炒めるようにもなった。もともとのサテソースと比べると塩気が強く辛みが少ない。これが潮州話でインドネシア語「サテ」を音訳して「沙茶《サアテエ》」と呼ばれるようになった。◆注／12

一般的には、台湾では戦後に潮州・汕頭からの移民が沙茶をもたらしたとされる。そこから沙茶火鍋、沙茶牛肉など沙茶料理のレストランが生まれ、専門の工場が作られ、そこでできた「沙茶醤」製品はロングセラーになっている。

しかし、もし沙茶が十九世紀中に潮州・汕頭・廈門などにもたらされていれば、きっと同じく「漳州・泉州・潮州文化圏」に属する台湾にも伝わっていた可能性があるだろう。

さらに踏みこんで言えば、台湾は十六世紀からすでに潮州・汕頭からの移民を受け入れていたが、清代には文化圏の異なる「広東籍」としてまとめられてしまい、日本統治時代および戦後には福建・広東からの移民に同化した客家「福佬客」と誤解されてきた。こうして見ると、台湾にはもともと沙茶醤風味を好む伝統があり、戦後に沙茶料理のレストランや沙茶醤製品が流行するための道筋をつけていたことになる。

基隆港西岸の流籠頭にある「広東汕頭牛肉店」は、戦後に汕頭移民が基隆に開店したもので、沙茶醤の中に

◆11 オランダは長期にわたりインドネシアを植民地としており、今日オランダ人がフライドポテトを食べるときにサテソースを添えることがあるのは、インドネシアから伝わった飲食文化である。

◆12 潮州は広東省に属するが、潮州方言は閩南語系に属する。むかしは漳州と潮州は同じ文化圏で、沙茶の「沙」には「サ」の音があり、「茶」には「テ」の音があったので、インドネシア語の「テ」の音に当てたのである。

カレー粉を加えて、カレーと沙茶が合わさった「基隆味」を作り出している。

豆瓣醤

台湾には早くから福建・広東の移民が豆醤《ドウジアン》（黄豆醤、豆みそ）をもたらした。大豆（大粒で黄色みの強いものを「黄豆」、小粒の白っぽいものを「白豆」と呼ぶ）と小麦粉で作ったこうじを醗酵させて作った調味料で、清代の『台湾県志《たいわんけんし》』の「白豆」の項に「よく煮て小麦粉と混ぜれば豆醤が作れる」とあり、それをスープなどに使ってきた。

台湾では俗に「鶏のクソより豆のミソ」というが、これは差が大きい、比べものにならないという意味だ。戦後、四川移民が豆瓣醤《ドウバンジアン》をもたらした。豆瓣醤は四川発祥で、豆醤と違うのは、そら豆を使い、トウガラシを加えるところで、味噌としての作り方にも違いがある。

豆瓣醤は四川料理の魂と考えられており、豆瓣鯉魚、宮保鶏丁、麻婆豆腐、魚香肉絲、螞蟻上樹などの名菜に欠かせない。

豆瓣醤は台湾で人気のある調味料だ。たとえば箭筍、桂竹筍などを豆瓣醤で軽く炒めたものはなかなかうまい。豆瓣醤はまた台湾において紅焼牛肉麵や羊肉爐などの美味な料理が作り出されるのを後押しもした。

広達香食品公司は一九五三年に台湾最初の「肉醤」（肉みそ）の缶詰を売り出した。調味料として中国の豆瓣醤と日本の味噌を使ったもので、現在でも売られている。台湾にはむかし「罐頭酒家菜」と呼ばれる、缶詰を副材料に使った宴会料理があったが、そのよく知られた料理には缶詰のサザエを使った「魷魚螺肉蒜」（スルメとサザエと葉ニンニクのスープ）のほか、広達香の肉醤で味つけされた「番茄排骨湯」（トマトとスペアリブのスープ）があった。

酒

酒は穀物・果物・野菜などの植物や動物の乳を原料として造られ、醗酵を経てできあがる「アルコール飲料」のことだ。一万年前の新石器時代からすでに人類は酒を飲むことを知っていたのである。

人類が酒を造る方法は、最初は醸造から始まり、後に蒸溜という方法を使えるようになっていった。

醸造酒　酒の原料を醗酵させてアルコールを作り、濾過して造るもの。アルコール度数は比較的低い。西洋のビールやワイン、中国の黄酒や日本の清酒などがこれにあたる。

蒸溜酒　醸造してから蒸溜を経て造られるため、アルコール度数は比較的高い。そのため「烈酒」「火酒」とも呼ばれる。西洋のウイスキーやブランデー、ウォッカ、日本の焼酎などがこれにあたる。

人類の飲食文化から考えれば、酒は祝いの席や節句、祭祀、寒気をはらうためにも飲まれ、また治療のための薬、養生のための「補品」でもあり、調理のさいには調味料としても使われてきた。

台湾の原住民族と外からやってきたエスニックグループが、台湾の酒造りの原料と方法によって、豊かな酒文化を発展させてきたのである。

台湾原住民族の醸造酒

台湾の原住民族たちの主食は、はじめはおもに小米（アワ）で、その他にイモ類や陸稲なども育てていた。

「小米」という言葉は中国の北方に由来する。中華文明の起源は黄河の中上流の黄土高原にあり、最初の主食は小麦や水稲ではなく、乾燥に強いイネ科の小粒の作物で、はじめは「粟」と、のちには水稲を「大米」と呼ぶのに対して俗に「小米」と呼ぶようになった。◆注／1

かれらの植える小米は原生種のもちアワで、粘り気が強く酒の醸造に適していた。原住民族は「小米酒」を醸造し、そこから生活・祭祀と結びついた「小米酒文化」を作り上げ、今日に至るまで伝統を保持している。

このことから見ても、台湾の小米酒の歴史は長いが、じっさいのところ、中国全体から見ても最初の酒はアワから作られたものだった。

また、陸稲を植えていた原住民族は、陸稲から酒を造ることもあった。たとえばパイワン族には早くから小米と米から酒を造る伝統があった。

台湾の原住民族は華人と接触し交流を持った後に、華人のもち米を使って酒を造るようになっ

1950年代、サイシャット族の口噛み酒

た。

清代の『重修台湾府志《じゅうしゅうたいわんふし》』（一七四七年）にはこのようにある。「原住民族の若い女性が噛んだもち米を三日ほど置くと、やや酸味が出て麹になる。もち米を搗き砕いて麹と甕の中に入れておくと、数日で泡だってくるので、取って水を混ぜて飲む。」

関連の文献によれば、南台湾のシラヤ族やパイワン族にはもち米で酒を醸した記録がある。今日では、アミ族ももち米を原料とし、植物から作った酵母によって酒を造っている。

福建・広東移民が持ちこんだ黄酒と白酒

中国における酒造りの二大主流といえば、一つは南方でもち米を主な原料として造られる醸造酒「黄酒《ホアンジウ》」であり、もう一つは北方でコーリャンを主要な原料として造られる蒸溜酒「白酒《バイジウ》」である。黄、白というのはそれぞれ酒の色によって付けられたものである。

しかし、黄酒は酒造りのさいの原料と方法の違いによって色に濃淡の差がある。もち米だけで造れば味はやや甘く、アルコール度は低くなり、色は白くなる。これを「米酒」と呼ぶ。

清代の台湾地方志に書かれる「糯米酒」、「老酒」、「米酒」は、いずれも当時もち米をおもな原料として造っ

◆1　清代の『諸羅県志』（一七一七年）にはこうある。「黍、高さ六七尺、粒は丸く、色は黄色い。俗に番黍と呼び、狗尾黍とも呼ぶ」。『淡水庁志』（一八七一年）にはこうある。「狗尾黍、穂は長く犬の尾のようである。すなわち北方でいう小米。俗に稷仔とも呼ぶ。原住民族がしばしば植えて食べる」。今日、台湾語で小米のことを「黍仔（ソエア）」もしくは「稷仔（シェクア）」と呼び、客家語や広東語では「狗尾粟」と呼ぶ。

た醸造酒を指していた。◆注／2

福建・広東移民が台湾に来たさい、故郷から持ってきたのはおもに黄酒だった。もっともよく知られたものには浙江の紹興酒、江蘇の恵泉酒などがある。ついで白酒で、清代の台湾地方志には「焼酒」「火酒」「膏（高）粱酒」などと書かれている。

オランダ統治時代から清代にかけて、台湾では一貫して中国から黄酒（紹興酒）と少量の白酒（高粱酒）を輸入していたが、価格が高すぎるため、台湾人も酒造りを始めた。

オランダ人が台南を拠点にしていた時期（一六二四年から一六六二年）の『ゼーランディア城日誌』には、当時台湾が中国の沿海地域からしばしば「中国のビール」（Chinese bier）を輸入していたとある。しかし、麦芽を使ったビールは中国の伝統的な醸造方法ではない。ここでオランダ人がビールと呼んでいたのは、この黄酒が米という穀物から醸造していたために、ヨーロッパにおける大麦や小麦から作られるビールに似ていると思われたからだろう。

オランダの文献では、当時、一種の「Zaad」をも輸入していたとある。「Zaad」とは種子のことだが、おそらくここでは紅麹酒を造るための酒種のことだろう。その酒種とはつまり紅麹のことだ（紅麹米とも呼ぶ。紅麹菌から作った麹で、米の粒が残っていて種子に似ている）。もち米に紅麹を加えれば、紅麹酒を造ることができる。紅麹酒を濾過したあとに残った酒かすが「紅糟」で、これは福建料理がよく使う調味料であり、また天然の着色料でもある。

初期の福建・広東移民が最初に移入したのは台湾西部の平原だったが、その地の水質や気候は黄酒造りには向かなかった。清代の『諸羅県志《しょらけんし》』（一七一七年）にはこう書かれている。

「草を麯（酵母）として酒を造り、醸造酒『老酒』や蒸溜酒『焼酒』などさまざまあるが、味がよくないため砂糖水を混ぜる。今は多くのものが恵泉酒、包酒、紹興酒、鎮江酒など本土の酒を飲む」

こうした記述からは、当時の華人たちは台湾で米からうまい酒を造ることができず、そのため多くは蒸溜して焼酒にしていたことが分かる。また華人たちは酒を飲むことで台湾の「瘴癘《しょうれい》之気（毒気のこと。南方に発生する流行病を指す）」に抗することができると信じており、蒸溜酒はその効果がより高いと思っていたようだ。

オランダ統治時代の製酒業

オランダ側の文献によれば、オランダ人が台湾を占領した後、ほどなくして気づいたのは、華人がゼーランディア城（今の安平古堡）、プロヴィンティア城（今の台南の赤崁楼）とその付近の地域で、米と雑穀を使って蒸溜酒を造り、ゼーランディア城のオランダ人の兵士と水夫たちに売っていることだった。

華人が蒸溜酒を造るのに大量の穀物を消費してしまううえ、オランダ人兵士たちが酒を飲むのが病みつきになってしまうことから、オランダ当局の注意を惹くこととなり、一六三〇年に台湾長官によりこのような公布が出された。一、華人が焼酒を造ることを禁止する。破った場合は作った焼酒と蒸溜器などの製造器具も没収する。二、華人が焼酒をゼーランディア城に持ちこむことを禁止する。破った場合は焼酒と運搬に使った船に載せたすべての貨物を没収する。

◆2　老酒の名の由来は閩南語の「糯」と「老」の音が近いからだという説と、黄酒を長い期間熟成させたという意味で「老酒」と呼ぶという説がある。

一六三四年、オランダ当局は再び規則を制定し、免許のないものの酒類の製造、販売を禁止した。違反したものは酒と製造器具を没収するだけでなく、罰金を払わなければならず、その金額は非常に高額であった。一六四〇年、オランダ当局は酒税の徴収を開始し、同時に酒造業者が粗悪な原料で酒を造ることと、河川を汚染することも禁止した。逆にいえば、これらのことからこの時代すでに台湾に酒造業があったことが分かる。

オランダ統治時代の華人たちはどこに酒造場を建てていたのだろうか? オランダ側の文献によれば、市街以外の華人の村落の、川沿いや水利のよい場所に作られていた。また酒造場が集まっていたもう一つの地域が高雄沖にある小琉球で、オランダ人は一六三六年に台南から艦隊を派遣して小琉球を攻撃し、島にあった集落を破壊し、島にいた千人以上の原住民族をあるいは殺害しあるいは強制的に連行した(いわゆる「ラメイ島事件」)。空になった土地を華人に請け負わせて、島で焼酒を製造させた。

オランダ側の文献によれば、当時、台南の街道沿いには多くの酒場(kittebroer)が開かれていたという。多くの華人が酒を好んだため、オランダ当局は酒を売る時間も制限していた。

台湾で発展した蒸溜型の米酒

初期の台湾華人の酒造りは東南アジアの華人に似ており、その多くは蒸溜法で蒸溜酒を造っていた。使用する原料は米や麦、コーリャンの他にサトウキビの糖蜜やサツマイモ、ヤシなどがあった。

台湾における蒸溜型の「米酒」は、中国における米から醸造する「黄酒」や日本のこちらも米から醸造する「清酒」とは異なる一方で、イスラム圏以外の中東諸国や東南アジアの「火酒」(アラック)と蒸溜法が共通する酒の造り方の系統である。こうした蒸溜法で米から造られた酒には、沖縄の「泡盛」や日本各地の「米焼酎」がある。

ここから分かるのは、台湾の福建・広東移民は早くから故郷の米の「醸造酒」ではなく、米から蒸溜酒を造っていたことだ。また、東南アジアではサトウキビの生産が盛んで、そのためしばしば蒸溜酒を造るさいに糖蜜を加える。そうすると米の使用量を抑えられるためだ。台湾でもサトウキビは多く栽培されているから、東南アジアと同様の蒸溜酒も作られた。これこそが「台湾米酒」の東南アジア的な特色で、中国の米から造った酒とは異なるところだ。

日本統治時代になると、台湾米酒はさらに輝きを増していった。一九三〇年代に、台湾総督府専売局は新たなアミロプロセス醸造法によって台湾米酒を造るようになった。この醗酵菌種は必要な原料を少なく、時間を短縮することができ、機械化された大量生産に有利だった。台湾米酒は当時栽培に成功した蓬莱米（短粒のうるち米）を原料として蒸溜酒を造り、糖蜜から取ったアルコールを添加したものである。その比率はおよそ六対四とされる。

最初期の台湾米酒には三種類があり、アルコール度数の高さによって番号で分けられていたが、その後にラベルの色から金ラベル、銀ラベル、赤ラベルと呼ばれるようになった。日本では「紅色」のことを「赤」と呼

台湾総督府専売局の米酒（金ラベル）瓶装用のラベル。旧名は米酒三号。1930年7月制定。

台湾総督府専売局米酒（銀ラベル）瓶装用のラベル。旧名は米酒三号。1937年3月2日制定。

台湾総督府専売局の赤ラベル米酒の桶酒ラベル。1930年4月制定。

ぶため、日本統治時代の「赤標米酒」(アルコール度数二十度)が、現在の「紅標米酒」(アルコール度数一九・五度)の前身である。

戦後、廉価な紅標米酒(正式名称を紅標料理米酒)は台湾の家庭とレストランに不可欠な料理酒となった。もしこれが値上がりしたり品薄になったりしたときには、重大な社会問題を引き起こすことになる。紅標米酒は台湾料理において重要な役割を持つ。台湾人が好んで食べる麻油鶏や焼酒鶏、姜母鴨、羊肉爐などに、紅標米酒は欠かすことができない。

戦後における台湾の酒文化の多様性

日本統治時代、台湾総督府専売局は水質の良い場所に酒工場を設置していた。生産される酒類はおもに清酒、米酒、ビールであった。また紅麴ともち米から醸造される「紅酒」つまり紅麴酒も造られていた。現在の「紅露酒」である。

戦後、台湾総督府専売局は台湾省専売局と台湾省菸《えん》酒《しゅ》公売局とに改組された。また政治上の理由による偶然から、二つの独立した離島の酒工場が作られることになった。高粱酒で知られる金門島の金門酒廠と、老酒で知られる馬祖酒廠である。

台湾では一貫して中国から紹興酒や高粱酒を輸入してきたが、現在では自ら製造も始めている。埔里酒廠は高品質の地下水を持ち、日本式の清酒造りを基礎として、中国の紹興酒のスタイルで酒造りを行っており、好評を博している。台湾は長い歴史の中で積み上げてきた蒸溜技術に基づいて、中国の白酒とは異なる品質のよい高粱酒を造っており、とくに金門酒廠の高粱酒は品質の高さで知られ、台湾の蒸溜酒を好む人々をりードしている。

経済の発展にしたがって、人々が豊かになると、台湾には欧米からのブランデーやウイスキー、ワインや世界各国の名酒が輸入されるようになった。

二〇〇二年、台湾はWTOに加盟し、台湾省菸酒公売局は法人化して台湾菸酒公司となり、政府も民間に向けて酒造業を解禁した。

これ以降、台湾の製酒業は急激に発展し、民間にも産量の大きい酒工場ができた。またクラフトマンスピリッツに富んだマイクロ醸造所やマイクロ蒸溜所で造られたウイスキーやワイン、ビールや清酒は、国際的な酒のコンテストでしばしば大きな賞を受賞している。

その他、台湾各地の農業組合もそれぞれの土地の特産を使って、イチゴ酒、ライチ酒、タロイモ焼酎、梅酒、アワ酒、パイナップル酒などの醸造酒や蒸溜酒を生産している。

台湾総督府専売局の紅添酒桶のラベル。1923年制定。

冷菓と冷たい飲料

台湾は熱帯、亜熱帯に位置し、夏は非常に暑い。台湾には日本統治時代に製氷技術が導入されたが、それ以前にはどのように暑さをやりすごしていたのだろうか？　日本統治時代の台南の文人連横は『雅堂文集《がどうぶんしゅう》』巻三「台湾漫録」においてこのように述べている。「台湾は熱帯の島であるが、今から三十年前には氷を売るものはおらず、夏といえばせいぜい仙草か愛玉凍をすすることしかできなかった」。仙草凍と愛玉凍の他にも、台湾では早くから東南アジアから輸入していたサゴパールと、台湾でタピオカから作られた粉円も、清涼さをねらった食品として楽しまれていた。

氷のない時代には、台湾語で渇きをいやす清涼飲料のことは「涼水《リァンツィ》」と呼んでいた。天候が暑くなるとたちまち「食涼水」したくなったものだが、しばしば見られたのが冬瓜茶や青草茶だった。

かつての台湾における暑さしのぎのための飲料

仙草凍

「仙草《シェンツァウ》」（*Platostoma palustre*）は東アジア原産の草本植物で、伝説では仙人から下されたものだという。中国医学においては、清熱、涼血、利尿の効果があるとされ、そのため仙草という名で呼ばれる。◆注／1

清代の『台湾府志』（一六八五年）にはこのような記載がある。「仙草　乾かして茶のような飲料にできる。搗きつぶして汁をしぼり、でんぷんと煮立てると猛暑の時期でも固まり、砂糖水と混ぜて飲むと暑気を払うことができる」。同じく清代の『台湾県志』（一七二〇年）にはこうある。「仙草、高さ五、六尺に育つ。乾かして柔らかくなるまで煮こみ、汁をしぼってかすを除き、でんぷんと混ぜてふたたび煮て固める。色は黒く、暑い時期にシロップと混ぜて飲むと、非常に涼感がある」。仙草にかかわる専門の名詞には以下のようなものがある。仙草の茎と葉を乾かしたものは「仙草乾」、煮て濾したものは「仙草茶」となり、これを直接飲むことができる。また少量の小麦粉（あるいは米粉やタピオカ粉）を加えて固めると「仙草凍」になり、それにシロップを加えたものを「仙草水」と呼ぶ。

清代の台湾では仙草を植えて食用にすることはごく一般的であり、そのため仙草寮、仙草埔、仙草嶺、仙草崙といった地名も残っている。

愛玉凍

台湾の「愛玉」は台湾語ではふつう「オーギョー」と呼ぶ。日本統治時代の『台日大辞典』では「澳蕘」とし、教育部『台湾閩南語常用詞辞典』では新字を作って「薁蕘」とするが、どちらも「オーギョー」という音から取ったものだ。◆注／2

「薜荔」（*Ficus pumila*）はアジアの低海抜地域に分布するクワ科イチジク属の植物で、愛玉（愛玉子）は薜荔の台湾特有の変種と目され、こちらは海抜八百から千八百メートルの山地に育つ。一九〇四年に日本の植物

◆1　閩南語で仙草、広東語では涼粉草、潮州語では粉粿草と呼ぶ。

◆2　愛玉は『台日大辞典』において「澳蕘（ヲヲギヲ）」「澳蕘凍（ヲヲギヲタン）」と書かれ、「愛玉子（アイギォクチイ）」「玉子（ギォクチイ）」とも書かれる。今日の台湾語では、愛玉を「薁蕘」の他、「子仔（チイア）」とも呼ぶ。

学者牧野富太郎《まきのとみたろう》が嘉義で新種の愛玉（*Ficus pumila var. awkeotsang*）を発見した。学名の *awkeotsang* の発音は台湾語の「愛玉欉《アイギョクサン》」から取られている。

愛玉の細かく小さい果実を乾燥したものは「愛玉子《アイギョクチィ》」と呼ばれる。天然の水溶性膠質（水溶性食物繊維）を含み、布袋に入れて、冷たい水の中で揉むと、ペクチンが布袋から水中に溶けだし、ゆっくりと黄色く透明感のある「愛玉凍」として凝固してくる。そこにシロップを（一般的にはさらにレモン汁も）加えるとそのまま食べられる。中国医学では寒気や熱気からくる便秘を解消し、気を補い体を軽くし、脾胃を強める効果があるとされる。◆注／3

連横が『雅堂文集』で「愛玉凍については、府志や県志がどれも記載していない」と指摘する通り、清代の台湾の地方志にはこの暑気払いのための食品について触れたものが見えない。連横は「古老に尋ねて」ようやく山中に「水面に凝固している氷のようなかたまりをすくって口に運んだ」ことから愛玉を偶然に見つけたこと、また「愛玉」と呼ばれる少女が愛玉を売っていたという物語を知ったのである。◆注／4「愛玉」の物語が創作なのかどうか、また「薁蕘」の字の由来などについては、今後の調査を待つほかない。

一方では台湾の原住民族も愛玉を食用にできることを知っていたが、それぞれの民族で名称は異なる。サオ語「skikia」、ブヌン語「tabakai」、タイヤル語「qrapit」、ルカイ語「tukunwi」などである。漢民族の呼ぶ名称の影響が見られないことから、愛玉はもともと原住民族のための暑気払いの食品だったのではないかと考えられる。

西国米円

「西谷米《サイコッピィ》」ことサゴパールは、「西米」と略称されるが、米とは全く異なり、東南アジアのヤシ科サゴヤシ属のサゴヤシの幹から取れるでんぷんから作る米粒状の食品のことで、インドネシア語やマレー語では「サグ」、英語では「サゴ」と呼ばれる。中国語では「サグ」という音から音訳されて「西谷米」「碩莪米」「碩硪米」「沙穀米」などの名称で呼ばれる。明代の文献では「西国米」「沙孤米」とも書かれる。

一六一七年、福建漳州龍溪の文人張燮が書いた『東西洋考《とうざいようこう》』は海外の各国の風土や風俗を紹介しており、明末の海外貿易のガイドブックともいえるが、その中に当時のマレー半島にあった「大泥」（大年）の物産について書かれた部分がある。「西国米は沙孤米とも呼ぶ。それが採れる樹を沙孤という。姿は芭蕉に似て、中に空洞がある。その樹皮を取って削り、水の中で搗き、つぶして粉を採る。きめの細かいものが玉米として上等品であり、きめの粗いものは人々が自分の家で穀物の代わりに食べる。いま商船は海を越えるさいに湿気てしまうことを考えて、粉の状態で持ち帰る。その後自分たちで丸める」◆注／5

この記述からすると、明代の華人は東南アジアから西谷米のでんぷんを持ち帰り、それを米粒のように小さく丸めて食べていたようだ。

◆3　東南アジアなどの地域にも台湾の愛玉凍に似た食品があり、その多くは薜茘の種子から作られたものである。

◆4　『雅堂文集』巻三「台湾漫録」の「愛玉凍」にはこうある。「道光初年に、同安人の某が台南の媽祖楼街に住んでおり、しばしば嘉義と往来し、土地の物産を取引していた。ある日、後大埔を通ったところ、暑くてひどくのどが渇いたので、谷川へ水を飲みにいくと、水面が凍っていた。すくってすすると、冷たさが腹に沁みた。こんなに暑いのになぜ氷があるのかといぶかしみ、水のほとりをよく見ると、樹の種が落ちている。それを揉むと汁が出たので、この種が水を固まらせたのだと分かった。拾って家に帰ると、種は細かくてキビのよう、水に入れて絞ってみると、しばらくたつと固まり、砂糖と和えて食べられた。また児茶少々を混ぜると色がメノウのようになった。男には娘がおり愛玉という名前で年は十五であった。夏の日にひまがあったので、これを作って売りに出たところ、人々はやがて「愛玉凍」と呼ぶようになったという。

◆5　サゴパールは昔は多くのインドネシア原住民族の集落における主食であった。

清代の台湾地方志にはまだ西谷米は記載されていないようだが、じっさいには台湾はオランダ統治時代にはすでに輸入していた。『ゼーランディア城日誌』は、当時台南では「Sagou」の輸入が盛んだったとし、オランダ語で一種の「樹の粉」（meel van boomen、この粉は小麦や穀物の粉の意味）であるとしているから、これはオランダ語に音訳された西谷米であることは間違いない。

日本統治時代の『台日大辞典』には、「西国米円《セエコクビイイイ》」の項目が収録されている。沙穀米で作った「円仔《イイアア》」つまり団子のことだ。

東南アジア起源の「西米露」は、ココナッツミルクとシロップを加えたものだ。台湾では早くから西谷米から作った「西国米円」が輸入され、台湾の現地でもヤシとサトウキビは生産されていたから、おそらく「西米露」に近い清涼飲料は作られていたことだろう。

粉円

東南アジア由来の「西国米円」は、おそらく「粉円」の前身でもあっただろう。

台湾が東南アジアから輸入した西谷米は価格も比較的高かったため、おそらく十八世紀以降には、多くの人々がサツマイモでんぷんから「粉円」を作るようになっていた。日本統治時代の『台日大辞典』には「粉円《フヌイイ》」の項目が収録されており、「小さな団子、砂糖湯に入れて食す」とある。

そのころのサツマイモでんぷんで作った白い粉円は見た目は西国米に似ていたが、やや大きかった。その後、カラメルや黒砂糖、果汁などを加えてさまざまな色が付けられ、大粒の「珍珠」が作られて、もはや伝説的な台湾の「珍珠奶茶」つまりタピオカミルクティーが誕生したのである。

粉円のもう一方の変化はサツマイモでんぷんにタピオカ粉が加えられるようになり、さらにはタピオカ粉をサツマイモでんぷんの代わりに使うようになったことだ。タピオカ粉の原料のキャッサバは育てるのが簡単で生産量が多く、価格が安い。そのうえ、タピオカ粉で作った粉円はたがいにくっついてしまいにくいので、アイスティーに入れるのにも向いていた。

日本語で珍珠奶茶をタピオカミルクティーと呼ぶが、タピオカはキャッサバでんぷんを指す英語のTapiocaから来ている。

日本統治時代に始まった製氷業

天然の氷塊を貯蔵し輸送することによって、人類は非常に早くから氷を口にして暑さをしのいできたが、それは皇帝や貴顕の人々の特権にすぎなかった。

十九世紀も半ばになって製氷機が発明されたことで、氷を食べることがだんだんに普及していったのである。

台湾での氷を食べる歴史を、日本統治時代に始まる製氷業から述べてみよう。現在でも上の世代の台湾人は、きっと製氷工場のアンモニアの刺激臭を覚えているはずだ。

剉冰（かき氷）

日本では非常に早くから製氷業があった。明治時代の初期には、すでに寒冷地では池を使って冬に水を凍らせ、夏に売るという天然の氷屋があった。明治時代後期には、機械を使った製氷技術が成熟し、それにより「氷店」「氷屋」はますます多く開かれ、「かき氷」（華語では刨冰《バオビン》、台湾語では剉冰《ツオビン》）、アイスクリームなどの氷菓が徐々に流行していった。

　日本が一八九五年に台湾を統治するようになると、最初は日本で製造した氷塊を台湾にまで運んで売るようになり、これは非常に高価であったが人気があった。後に、日本人が台湾各地に「製氷工場」、「製氷会社」を設立し、台湾は「剉冰」の時代に入っていったのである。

　台湾は日本よりも暑く、毎年氷を食べる期間が日本よりも長いため、「剉冰」文化は台湾でより大きく発展していった。日本の伝統的なかき氷は一般的に副材料が簡素で、よく見られるのはあずきや練乳などであり、多くは各種の人工色素を加えて甘みを付けたフルーツ風味のシロップをかける。台湾のかき氷の副材料は目を奪う豊富さで、「蜜餞」果物の砂糖漬け、煮豆類や豆花、「湯円」白玉だんご、粉円、フルーツゼリー、仙草、サツマイモ、タピオカ、「粉粿」わらび餅、タロイモ、米篩目、各種の生のフルーツなどが使われる。また、むかしは桶を提げてアイスキャンディーを道端で売るのもよく見かけられ

日本統治時代の台南の製氷工場

たものだ。台湾での氷売りはよい商売になったので、儲かる職業を俗に「一に氷売り、二にお医者」などと言ったものである。

「弾珠汽水」ラムネ

のどの渇きを癒すのに、冷たい炭酸水ほどよいものはない。涼しげで美味なうえに、炭酸水の気泡が口の中で油っ気を取ってくれる。

炭酸水は二酸化炭素を水に溶かして、泡の出る炭酸飲料にしたもので、欧米ではソーダ水と呼ばれる。炭酸飲料は一七七〇年代にヨーロッパで発明され、初期のガラス瓶はコルクで蓋をしていたが、気が抜けてしまうのを防ぐため、一八七二年にガラス玉を入れたいわゆるラムネ瓶が発明された。

一八八四年、日本ではレモン風味の炭酸水が作られはじめ、それをラムネと呼んだ。これは英語の「レモネード」から来た名前だ。

日本統治時代の初期に、日本の商人が蘇澳にある冷泉が出る地域に台湾最初のラムネ工場を建て、瓶

李梅樹『氷果店』(1974年)

入りのラムネを製造し始めた。なぜ工場をここに建てたかといえば、もともとここの地層から出る冷泉には二酸化炭素の泡が含まれており、ラムネを作るのに向いていたからだった。

その後、台湾ではこんな俗諺も生まれたものだ。「ラムネ、食一点気。（すこし空気を飲みこむ、片意地をはるのかけ言葉）」。こんなことからも当時のラムネの流行が見て取れよう。

これに先んじるように基隆には、清末にこんな言葉があった。「法蘭西水を飲む──食一点気」。清仏戦争の期間（一八八三年末から一八八五年四月）にかけて、フランスの軍隊が基隆に八か月にわたって駐留した。そのころフランスの兵士が基隆でソーダ水を売ったというのである。基隆の人々ははじめてそうした炭酸入りの飲みものを口にしたので、それを「法蘭西水」と呼んだ。そ

1884年の清仏戦争の光景。清軍の堅い防御に、フランス軍は撃退されて船上にまで退却した。

れがどんな感覚だったかといえば、じっさい「食一点気」というだけだったろう。

この言葉は決して悪くいうためのものではなく、単に「水の中に空気が溶けこんでいる」という特徴を言っただけのものなのであろうし、当時のソーダ水は特殊な技術の必要な飲みものだったとは言えるだろう。

戦後の冷たい飲料

戦後に、中国北方の伝統的な暑さしのぎの飲みものである「酸梅湯」が台湾に伝えられ、台湾の冷たい飲みもの文化をさらに豊かなものにした。

台湾では茶を冷たくする飲み方も発展し、台湾発祥の「泡沫紅茶」、「珍珠奶茶」は全世界に流行し、台湾の光となった。

酸梅湯

酸梅湯《スアンメイタン》は中国北方で有名な甘酸っぱい風味の冷たい飲み物だ。おもな材料は烏梅（梅の実を燻製にしたもの）、キンモクセイの花、氷砂糖で、サンザシや甘草を加えることもある。唾液をわかせて渇きを止め、体にたまった熱気を下げて毒を抜き、肺を潤しほてりを冷ますという効能がある。

「老北京氷鎮酸梅湯」という名は、酸梅湯を台湾で人気の飲みものにして今に至る。台湾には以前は酸梅湯の専門店が多くあり、漢方薬店でも、調合済みの酸梅湯の材料を買えたものだ。後には酸梅湯はペットボトルの飲料として量産されるようになり、スーパーでも買えるようになった。また台湾では近年麻辣火鍋が流行しているが、多くの店では体の熱を冷ます酸梅湯を提供している。

冷たくして飲む茶

華人は伝統的に熱い茶しか飲まず、また紅茶を飲むことも少なかったが、台湾ではそれがすっかり逆になっている。一九八〇年代にまず冷たくして飲む泡沫紅茶が発明され、続いて牛乳とタピオカを加えた珍珠奶茶が登場した。

泡沫紅茶《パオモーホンチャー》はシェイクティーとも呼ばれる。その作り方は、茶葉からその場で茶を淹れ、茶葉を濾してからカクテル用のシェイカーに入れ、氷と砂糖を入れて前後に振り、細かい泡を立てるとともに温度を下げる。それからグラスに注ぐと、泡が上に向かって立ち、茶の香りが鼻にまで届く。最後の一口まで飲んで氷を噛むと甘さもやわらぐというわけだ。

泡沫紅茶は発売以来大いに人気を博し、数年後には珍珠奶茶《ジェンジューナイチャー》にグレードアップされ、大小さまざまな「粉円」を入れ、それに合った太さのストローを組み合わせて、さらに大きなブームを惹き起こした。

それから、香港ではもともと胸の大きな女性を形容した「波霸《ボバ》」という言葉が台湾に伝わり流行した後、珍珠奶茶の業者の中にとくに大きなタピオカを入れ、ミルクもたっぷり加えた「波霸奶茶《ボバナイチャー》」を売り出すものが現れた。そのため、英語で「珍珠奶茶」はバブルティーとも、またボバティーとも呼ぶ。

近年では、珍珠奶茶はさらに多様化したアイスドリンクをも生み、世界各地で人気となり、しばしば長い行列を作っている。

そうした外国のアイスティー専門店は、必ずしも台湾発祥のものとは限らない。二〇一一年、ロンドンの中心的な商業地区であり、ブランド店がひしめくオックスフォード・ストリートに、イギリス人が経営するタピオカミルクティー専門店が開店した。その名も「バブルオロジー」気泡学、という意味だ。

二〇一〇年四月三十日、四人の台湾の若者たちがニューヨークのクイーンズに「カンフー・ティー」一号店を開店した。二〇二〇年には、アメリカの民間でその四月三十日を「アメリカにおけるタピオカミルクティー記念日」と定めたという。

茶

「茶」とは「茶樹」の葉から作られた飲料のことである。いわゆる「茶樹」(チャノキ、学名 *Camellia sinensis*)が中国原産であるのかどうかはなお定論をみないが、喫茶の文化は中国発祥といえよう。

中国人は非常に早くから茶を飲むことを知っていたが、もともとは薬であり、その後に飲料に変わっていった。中国では唐代からとくにさかんに茶を飲むようになり、当時の茶学者と呼ぶべき陸羽が最初の茶に関する専門書『茶経』を書いたのもこのころであった。

中国では古くから茶を植え、製茶し、茶を飲む文化があり、中国全体では南区、西南区、長江南区、長江北区の四大茶産地区がある。そのうち南区の気候は茶樹の生長に非常に適しており、とくに福建には山地や丘陵地が多く、中国全体でも重要な茶の生産地域である。

十九世紀半ばにイギリス人がインドの東北部のアッサムやダージリンで大量に茶樹を栽培するようになるまでは、中国産の茶は世界の市場を独占し、とくに欧米の上層社会において人気を博していた。◆注/1 では、台湾ではいつから茶を栽培するようになったのだろうか? 一般的には十八世紀末、十九世紀初めに福建からの移民たちが当時故郷から茶樹を台湾に移植し、台湾北部の淡水河流域の丘陵地帯に植えたのが始まりだとされる。

しかし、台湾の民間の契約文書からは一七七〇年代にはすでに「茶園」、「茶叢」の項目を見出すことができる。◆注/2

また、オランダ統治時代の台湾にも茶樹を植えた記録があり、これらから見ると、台湾での茶樹栽培の歴史は三、四百年にも達することになる。

ふつう台湾の茶の品種はすべて中国から伝えられたものとされるが、じっさいには台湾の山地には野生の茶樹がもともと存在していた。ただし茶摘みが容易でないことから、生産量はごく少なかった。

台湾在来の野生茶樹

オランダ側の文献である『バタヴィア城日誌』の一六四四年から四五年の記録によれば、台湾で「茶樹」（Theebomkens）が発見されたとあるのが、台湾の野生茶樹に関するもっとも早い時期の記録であろう。台湾の清朝側の文献では、台湾の野生茶樹について記録するさい、どれも「水沙連」の山あいにあるとされている。水沙連とは、現在の日月潭を中心とする魚池郷、埔里鎮一帯を指す。

オランダ側の文献には、華人はすでに南投（Lamtau）、草屯（Paktau）と水沙連（Serrien）に進出していたとあるので、ここからすると『バタヴィア城日誌』で触れられている台湾の茶樹というのは、水沙連の野生茶樹であった可能性は否定できない。

◆1　中国茶の西方への伝播のうち、もっとも初期のものは漢朝から中国北方の陸路（シルクロード）を使い、中央アジア、西アジアからヨーロッパに運ばれた。そのため、それらの地域の「茶」は北方漢語の「チャ」と発音する。十六、十七世紀には、ヨーロッパの海上覇権国家は中国南方の航路から中国茶を持ち帰ったため、茶の閩南語「テー」と音訳された。オランダ語「thee」、スペイン語「té」、英語「tea」、フランス語「thé」、ドイツ語「tee」等である。ポルトガル語では「chá」だが、これは租借地マカオの広東語「chà」から来たか、イエズス会士が学んだ官話の「châ」から来ている可能性がある。

◆2　『台湾総督府檔案抄録契約文書』に収録されている、清代乾隆年間の「石碇堡友蚋庄（今の基隆市七堵区）」のある杜売契には山地の売買の取引が記録されており、「茶欉竹林樹木」などを含むとした。乾隆三十八年十月の「桃澗堡新路坑庄（今の桃園市亀山区）」の杜売契にも、記載取引の内容に茶園と茅屋が含まれていると書かれている。

清代の『諸羅県志』（一七一七年）にはこのようにある。「水沙連の山あいには野生の茶がたいへん多い。味は格別で、色が緑色なところは松蘿茶のようである。山谷が峻険であることから茶の性ははなはだ冷であり、暑気をはらい腹の張りを抑える。しかし道が険しく、生番も恐ろしいことから、漢人は山に入って茶を採ろうとしない。また製茶の方法にも詳しくないのである。もし武夷のさまざまな茶を作れる者が、土番が採った茶葉から製茶できれば、きっとその香味はよりよいものになるだろうに」◆注／3

清の黄叔璥『台海使槎録《たいかいしさろく》』（一七二二年から一七二四年）にはこのようにある。「水沙連茶は山深いところにある。木々が生い茂り、霧やもやが深く、朝日も夕日も当たることがないほどである。色は緑で松蘿のようであり、性ははなはだ寒であり、熱症を治すのにもっとも効能がある。毎年、通訳が諸民族と話し合い、山に入って製茶する」。清の藍鼎元『東征集《とうせいしゅう》』（一七三二年）の「紀水沙連」にはこうある。「水沙連の山中では土茶を産する。色は緑で松蘿のようであり、味ははなはだ清洌、暑毒を解き、腹の張りを治める。これも佳品といえよう」。これら三つの資料によれば、台湾華人移民は早くから台湾に野生の山茶があることを知っており、山中に入って茶葉を摘み製茶していたことになる。さらに山茶の味と性質、そして薬効があることを知っており、また茶の中でも品質の良いものと考えていた。

清の朱仕玠『小琉球漫誌《しょうりゅうきゅうまんし》』（一七六五年）の「水沙連茶」にはこうある。

「水沙連山は諸羅県にあり、番人の集落が十ほどある……山中には多く茶葉を産する……性ははなはだ冷であり、暑気を払い風土病を治す。しかし道が険しく、生番を恐れて、漢人は茶葉を採りに行こうとしない。……すべて客は福州城内からのものだ。福州城内の人は水沙連茶を求め、赤痢や白痢を治すのに非常に効果が高いとしている」。清の唐賛袞『台陽見聞録《たいようけんぶんろく》』（一八九一年）にも、「水沙連茶」について触れられている。「ただ性ははなはだ寒、熱症を治し、疱瘡にかかったときに効果が高いが、発疹が出ることがある」

これらからすると、清代には台湾の野生の山茶を製茶していたが、生産量は限られており、そのため福州から台湾に来たものたちは、しばしば水沙連茶を求める、それが「赤痢や白痢」（中国医学でいう大便に膿や血が混ざる病）を治すからだという。

今日、台湾の野生山茶はすでに台湾固有の種だということが証明されており、二〇〇九年に学名を台湾の茶樹を示す「*Camellia formosensis*」と定められた。

農委会林業試験所の公式サイトが提供する資料に拠れば以下の通りである。

台湾山茶はツバキ科ツバキ属の常緑の小喬木の大葉品種であり、高さは八メートルにも達し、樹齢は百年以上、おもに南投、雲林、嘉義、高雄、屏東、台東などの海抜七百から千六百メートルの山あいに分布する。台湾山茶から製造された緑茶は香気が優雅で、その滋味はすっきりとして甘みがあり、抗酸化能力とカテキンの含有量は一般的な緑茶よりもすぐれている。

近年では、台湾山茶は重視されるようになり、市場の需要も出てきているが、それにより違法に収穫する事件も起こりつつある。政府は落札方式で収穫をコントロールすることで山林の保護に努めている。

◆3　台湾の文献で最初に野生茶樹について触れたものは、清代の郁永河『裨海紀遊』（一六九七年）であり、その「番境補遺」の一文には、水沙廉の山区に一丈あまりの高さの野生茶樹がある、という。この説はしばしば引用されるが、「番境補遺」全体に茶を飲むことについては書かれていない。

清代の製茶

十八世紀以後、台湾北部の開墾のために移住する華人はますます増加した。農作物はおもにイネで、少量のサトウキビと茶もあった。

十八世紀末になると、台湾北部では福建移民が福建の武夷山から茶樹を導入し、淡水河とその支流である新店溪、大漢溪、基隆河の丘陵地帯に茶樹を植えつけ、同時に福建から製茶の技術を導入した。

清代の台湾文献の記載によれば、乾隆年間（一七三六年から一七九九年）には、桃園の亀山にすでに茶園があった。乾隆末年に、台北の深坑、木柵一帯にもすでに福建人が土地を借りて茶樹を植えていた。嘉慶年間（一七九六年から一八二〇年）には、福建人柯朝が台北瑞芳一帯に茶樹を植えて多くの収穫を得ており、さらに茶樹の植えつけを流行させていった。

道光元年（一八二一年）ころには、桃園大溪、台北新店などの土地でも大量に茶樹が植えつけられた。一八二〇年代には、台湾北部の製茶業はじょじょに興隆し、すで

清代の茶葉の選定と茶葉の分別（およそ1750年ころ）

に茶商が現れ、台湾茶を福建の福州や厦門に売り始めていた。
清代後期になると、台湾北部では茶とセルロイド製造のための樟脳《しょうのう》という新興産業が発展し、台湾の産業の中心は南台湾から北台湾に移っていったのである。

フォルモサ・ティー

台湾茶が欧米に輸出されたのは、ちょうど歴史的な事件とぶつかったためだった。十七世紀初め、中国茶をヨーロッパに輸出していたのはオランダ人であった。十八世紀以降、イギリスが茶の一大消費地となると、植民地であるアメリカにも大量に中国茶が輸出されることになった。

アメリカは一七七六年に独立を宣言した後、中国に絶え間なく船を派遣して茶葉を購入していた。茶葉の輸入貨物における割合は年々上昇し、一八三〇年代には五十パーセントを超え、中国茶の需要はますます増大していった。

そこで、アメリカの世論は台湾での茶葉の栽培を主張し始めた。そうすることで中国茶への需要を大幅に下げ、中国茶の独占状態を避けようとしたのである。一八五〇年代には、アメリカの海軍上層部や外交官、

オランダ東インド会社が広東で茶を選び購入する様子。
（およそ1750年ころ）

商人らがアメリカは台湾を買い取るか占領すべきだと主張するまでになった。

一八五八年、清朝とアメリカ・イギリス・フランスは天津条約に署名し、台湾の安平、淡水は国際港として開かれた。これによりイギリス商人ジョン・ドッドは台湾茶を直接アメリカに輸出する機会を得たのである。

ジョン・ドッドは一八六五年に台湾北部を訪れて茶樹の植えつけのための調査を行い、一八六六年には福建泉州安溪の「烏龍」種を導入し、資金を貸し付けて茶農家に栽培を奨励し、また茶葉の一括買い付けをも行った。一八六七年、ジョン・ドッドは茶葉を福州に運んで製茶し、オーストラリアに売るのに成功した後、台北の艋舺に「茶館」を開設して製茶を研究し、また廈門と福州から製茶職人を招いた。

一八六九年にジョン・ドッドは十二万七千キロの台湾茶を搭載した二艘の蒸気船を引き連れ、淡水からニューヨークまで直接運んで販売

淡水における製茶業。図はアメリカに輸出するための茶葉を準備している様子。（1871年の画報）

した。こうしてフォルモサ・ティーという名で台湾茶がはじめて国外に直接販売された。アメリカでの試験的な販売が成功し、台湾茶を国際的に知らしめたのである。

清末に欧米で台湾烏龍茶が人気となったのは、おそらく欧米市場に合わせて醗酵度合いの高い茶を作っていたからだろう。それは戦後の台湾人が好んだ醗酵度合いの低い烏龍茶とは異なっていたのである。しかし清末に台湾が欧米への輸出用に作っていた烏龍茶は白毫烏龍で、醗酵度は七十パーセント程度であったとする説もある。ともあれ、戦後から現在まで流行している台湾の烏龍茶とはあまり似ていなかったようだ。

日本統治時代の製茶

日本統治時代の初期には、台湾総督府はすでに台湾茶産業の経済的価値を理解しており、ただちに法制化、機械化を展開し、製茶所、茶樹栽培試験所、茶検査所、茶業伝習所等を設立して台湾茶の発展を進めた。台湾における茶樹の栽培面積や茶葉の生産量は大いに増加していった。

日本人は台湾における清代の茶業を基礎として、烏龍茶の新品種を開発し、Formosa Oolong Tea（福爾摩沙烏龍茶）のブランドで海外に輸出していた。

また日本人はインドのアッサム種を導入し、栽培に成功した後はFormosa Black Tea（福爾摩沙紅茶）のブランドで国際的に売り出し、インドやスリランカの紅茶と競争していた。

日本統治時代末期には、第二次世界大戦が起こり、日本が参戦すると労働力と食糧の不足から、台湾の茶園は食糧となる作物に転換するか、もしくは人手がなくなり荒れるかしてしまい、台湾の茶葉産業は大幅に縮小した。

戦後における台湾茶文化の発展

戦後初期に台湾の茶園は復興が始まっていたとはいえ、産量が少なすぎ、国際的な競争があったことから、台湾茶は台湾内部での消費を主としていた。そのさい烏龍茶は発展し続けていたものの、紅茶は台湾人が飲む習慣がなかったためにほとんど生産が止まりかけていた。

しかし、台湾の経済が発展し、人々が豊かになるにつれ、各地に茶芸館や観光茶園が現れると、台湾の茶文化は一気に発展するとともに、台湾の茶製品は多元化に向かい始めた。

烏龍茶種としては、中南部には凍頂烏龍茶、北部には包種茶、鉄観音茶、白毫烏龍茶（東方美人茶）があり、一九九〇年代には海抜千メートル以上で作られるものを「高山茶」として制度化した。

紅茶種としては、一九九九年の九二一大地震の後、南投県魚池郷では、日本統治時代の紅茶産業が再出発し、とくに台湾の野生山茶（当地では伝統的に水沙連茶と呼ばれるもの）とビルマ大葉種を掛け合わせて作られた新

日本統治時代の台湾人による茶摘み

品種「台茶十八号」通称「紅玉」は、品質がすぐれているために好評を博し、台湾紅茶産業の復興の原動力となった。

その他、台湾では緑茶の生産も開始され、また原生種をそのまま使った「台湾山茶」もある。

一九八〇年代以来、台湾では茶を冷たくして飲むことも開発され、シェイカーを使って作る「泡沫紅茶」や牛乳とタピオカを加えた「珍珠奶茶」、また果汁などと組み合わせたさまざまなアイスティーなどが次々と現れた。

台湾のアイスティーが全世界で流行したことの背景には、「福爾摩沙茶」の歴史的背景も関係しているといえようか。

砂糖

甘蔗ことサトウキビは熱帯、亜熱帯に分布する植物である。最初はオーストロネシア語族の人々とニューギニアのパプア人たちが古くから作ってきた農作物であったものが、後に東南アジアおよび中国南部、インドに伝わった。なおサトウキビの原産地については、中国南部やニューギニアなどの諸説がある。

台湾の気候はサトウキビを植えるのに適しているため、南台湾では一年四季にわたって育てられる。では、台湾ではいつごろからサトウキビを植え、砂糖を作り始め、砂糖産業にまで発展していったのだろうか？　一般的には十七世紀にオランダ人が南台湾に植民し、福建から華人たちが海を渡って台湾にやって来て、サトウキビと米とを作ったものが、砂糖や米の産業となって、国際的な市場に向かって売り出したものとされる。しかし「オーストロネシア語族文化圏」の概念に照らし、歴史的な文献と見合わせることで、華人が移民してくる以前から、台湾の原住民族がサトウキビを育てていた可能性を考えることができる。

台湾の原住民族によるサトウキビ栽培

元代の航海家である汪大淵は『島夷志略《とういしりゃく》』（一三四九年）において、海外の「琉球」について、現地の人々が「海水を煮て塩を作り、サトウキビを醸して酒を造」っているとする。

文中の「琉球」は文献と文脈から見て今日の日本の沖縄であることが確認できようが、学者の中には台湾にあたる地域だと主張するものもいる。いずれにしても、沖縄と台湾はどちらもサトウキビの生長に向いており、サトウキビから砂糖を生産している。

オランダ統治時代の『バタヴィア城日誌』一六二四年二月十六日の記録には、蕭壠（現在の台南佳里）には野生の甘蔗（オランダ語でSuykerriet）があるが、原住民族はこれを経済作物とはしておらず、製糖産業にまで発展はしていなかったようだ。

蕭壠は当時の台南の原住民族であるシラヤ族の四大集落のうち「蕭壠社」があった場所で、日本統治時代の初期には、この土地に新式製糖工場「蕭壠糖廠」が作られ、のちに「佳里糖廠」と改められた。二〇〇五年、佳里糖廠が使わなくなってしまった倉庫群に「蕭壠文化園区」と呼ばれる再開発地域が作られた。

清の郁永河による『裨海紀遊《ひかいきゆう》』（一六九七年）「番境補遺」によれば、鄭《てい》経《けい》（鄭成功の嫡子、一六四二―一六八一）が三千名の兵を率いて周辺に被害を与えていた「斗尾龍岸番」を攻めるために原住民族の土地に分け入ったが、「一人も見えず、そのとき正午にあたり暑さがひどく、将兵たちはみなのどが渇いていたので、争うように植えてあるサトウキビを食らった」とある。

当時、明の遺民である鄭成功らが台湾に渡った後、大量の軍隊を配備するため、兵農を合わせた屯田制を実施し、軍隊を派遣して各地に駐留開墾させ、原住民族の土地を侵犯していった。一六六一年、鄭軍は「斗尾龍岸」（今の台中神岡一帯）の原住民の集落に向かい、サトウキビを食

De voorseyde vleck ofte plaets is ongevaerlyck ½ myl de revier opwaerts ende een quartier uyrs lantwaert in gelegen, is seer vruchtbaer, maer en wert niet beplant, besaeyt ofte bearbeyt; t gene dinwoonders daervan becomen wast uyt de natuer, behalven rys ende milie, dien se een weynich sayen, want werden door de Chineesen van rys ende sout geassisteert, siri, pinangh, clappus, bonannes, limoenen, citroenen, miloenen, calbassen, suykerriet als ander schoone fruytboomen synder in abondantie, maer en worden door

『バタヴィア城日誌』原文。蕭壠社でこの土地に植えていたものにはrys（米）、siri（キンマ）、pinangh（ビンロウ）、clappus（椰子）、bonannes（バナナ）、limoenen（レモン）、miloenen（西瓜）、calbassen（ヒョウタン）、suykerriet（サトウキビ）などの作物があった。

べているさいに伏兵に遭って火をかけられ、戦闘となって死傷者が出た記録がある。◆注／1

これらの記録からすると、当時の台湾中部の原住民族はすでにサトウキビを育てていたことになるが、台湾に独自に渡って開墾していた無戸籍の福建移民の農民たちが植えていたものという可能性もある。

オランダ統治時代に始まった製糖業

台湾のオランダ統治時代（一六二四年から一六六二年）には、漳州（あるいは潮州）から導入された品種のサトウキビと、大量の人と耕牛による労働力によって、台南一帯にはサトウキビが植えられ、台湾における製糖業が始まった。

台湾に製糖が行われた最初期には、それを「糖廍《トウンポオ》」や「蔗《チア》廍《ポオ》」と呼び、「廍《ポオ》」と略して呼ばれることもあった。糖廍の守護神は「廍公《ポオゴン》」と呼ばれた。台湾には大廍、後廍、頂廍、中廍、下廍など「廍」字のつく古い地名が多いが、これらはもともと砂糖生産が行われていた場所だったのだ。◆注／2

サトウキビは収穫された後に整理され、数本ごとにくく

17世紀の中南米の製糖工場

られた上で牛が牽く車で糖廍まで運ばれた。糖廍は仕事の性質によって二つの区域に分かれていた。一つは榨汁区、一つは煮糖区である。

サトウキビはまず榨汁区の「石車」（清代の台湾地方志では蔗車と呼ばれる）で処理された。人の手でサトウキビを石車の二つの石の輪の間に入れ、牛に牽かせ石輪を回転させてサトウキビから汁を絞って木桶に受ける。それを二、三度繰り返してすっかり絞る。その後、絞り汁でいっぱいになった木桶を煮糖区に運び、大鍋にあけて煮つめて砂糖にするのだ。

オランダ人が台湾で生産した砂糖は、日本を主とした国際市場に売り出され、場合によってはオランダにまで輸入された。その後、日本は長らく台湾からの輸入の砂糖に頼ることになる。

当時、オランダ人のアジアにおける拠点であったインドネシアでもイネを植え砂糖を作っており、一六六二年に鄭成功によって台湾から撤退させられインドネシアに戻らざるをえなくなると、インドネシアの砂糖の生産量を増加していくことになった。

◆1 「斗尾龍岸」はオランダ語文献に書かれる「Teverongan」であり、台中の原住民族パゼッヘ族の岸裡社にあたる。この事件は一般に一六七〇年に起きたことになっているが、アルブレヒト・ヘルポートがドイツ語で書いた『東印度遊記述略』（Eine kurze Ost-Indianische Reis-beschreibung、一六六九年スイスで出版された）の記載によると、この事件が起こったのは一六六一年である。ヘルポートはオランダ東インド会社のスイス人傭兵で、一六六一年の鄭氏とオランダとの戦争に加わっていた。ヘルポートの記述は郁永河と異なり、鄭氏軍には二千人がいたが、台湾中部の民族や集落を越えた連盟の「大肚王国」の軍が夜襲をしかけ、鄭氏軍はほぼ千五百人が殺され、残軍はサトウキビ園に隠れた。大肚王国軍はさらにサトウキビ園に火をかけ、飛び出してきた残軍を殲滅したという。

◆2 清代の康熙字典には「廍」が収録されていない。おそらく正字は「蔀」なのだろう。この字はぶどう棚などの上に太陽を遮るために置かれるむしろのことを指し、日を遮るものにも使われた。「蔀屋」といえば、むしろで屋根を覆った簡素な小屋のことだ。『台日大辞典』（一九三二年）、『廈門音新字典』（一九一三年）の用字もどちらも「蔀」である。清代の台湾地方志には「糖廍」「糖蔀」が併用されている。

鄭成功とその子孫が統治した時代（一六六二年から一六八三年）には、オランダ人が作った基礎のもとに、福建からさまざまな品種のサトウキビと、製糖のための労働力と技術が導入された。台湾における砂糖の生産量はオランダ統治時代よりも多くなり、引き続き大量に日本に輸出していった。

清代の製糖業

清代の台湾における製糖業は発展を続けたが、イネの栽培をより重視し、中国に食用として供給するための便をはかっていたので、糖廍が拡大を続けていたわけではなかった。

清の康熙三十年（一六九一年）から福建分巡台湾廈門道（当時における台湾の最高官職）となった高拱乾は、イネの栽培を進めるために「禁飭插蔗并力種田示」を公布した。その中には「サトウキビを植えて砂糖を作れば利益を得るのはたやすい」が、しかし「今は全力で米を作って、倉庫にじゅうぶんな備蓄を持てれば飢饉にも耐えられる」ので、「厳しくサトウキビの栽培を取り締まり、米の栽培に努めるようにさせることで、食糧を確保するのが、国の利益もはかれる本来のあり方である」とある。

清代初期、台湾の砂糖は引き続き日本に輸出されるとともに、中国各地にも運ばれていた。清代後期の天津条約（一八五八年）以後は、淡水、安平、鶏籠（基隆）、打狗（高雄）などが次々と通商のための港として開

清代の『番社采風図』の「糖廍」

かれ、台湾の砂糖は海外の商人たちの注意も惹き、輸出市場を拡大していった。

しかし光緒年間に清仏戦争（一八八三年から一八八五年）のさいフランス軍が台湾の港を封鎖し、外国の商人たちが台湾市場から撤退すると、台湾の砂糖の輸出は大きく影響を受けた。

日本統治時代の新式製糖業

日本では、十七世紀にはオランダ人によって台湾から砂糖が輸入されており、鄭氏一族による統治時代から清代に至るまで、台湾の砂糖は日本の輸入の中で最大の割合を占めていた。

はじめ台湾の砂糖は日本の長崎に運ばれ、他地域からの輸入砂糖より品質がよかったために人気を博した。清代乾隆年間の劉良璧による『重修福《じゅうしゅうふっ》建台湾府志《けんたいわんふし》』（一七四一年）にはこうある。「長崎では台湾の品物がとくに人気がある。その白砂糖、青糖（生糖）、シカやノロなどの皮革は、他の地域

旧式の糖廍におけるサトウキビの圧搾機

の産物よりも倍ほども高く売れる」。長崎では、十六世紀から「長崎菓子」が作られるようになり、これは日本語ではカステラと呼ばれた。ポルトガルの地名カスティーリャからついた名前で、台湾の上等な砂糖によって作られた。

そのため、日本では一八九五年に清朝から台湾を割譲されると、台湾の製糖業の発展に力を入れた。日本の内地での需要を満たすだけでなく、輸出にも当てられた。

日本のいくつもの「製糖会社」がつぎつぎと台湾各地に「製糖所」や「製糖工場」を建設し、台湾の製糖業の伝統的な生産方式を改良し、台湾の砂糖の生産量は増大していった。

新しい機械化された砂糖工場では、当初の手仕事と牛の力に頼った「糖廍」から、石炭や石油による蒸気を動力とした「機器廍《キイキィボォ》」に代わっていったのである。

しかし、台湾総督府は日本の製糖企業を有利にする政策を取り、砂糖工場は持ち主から強制的に

新型のサトウキビの圧榨装置

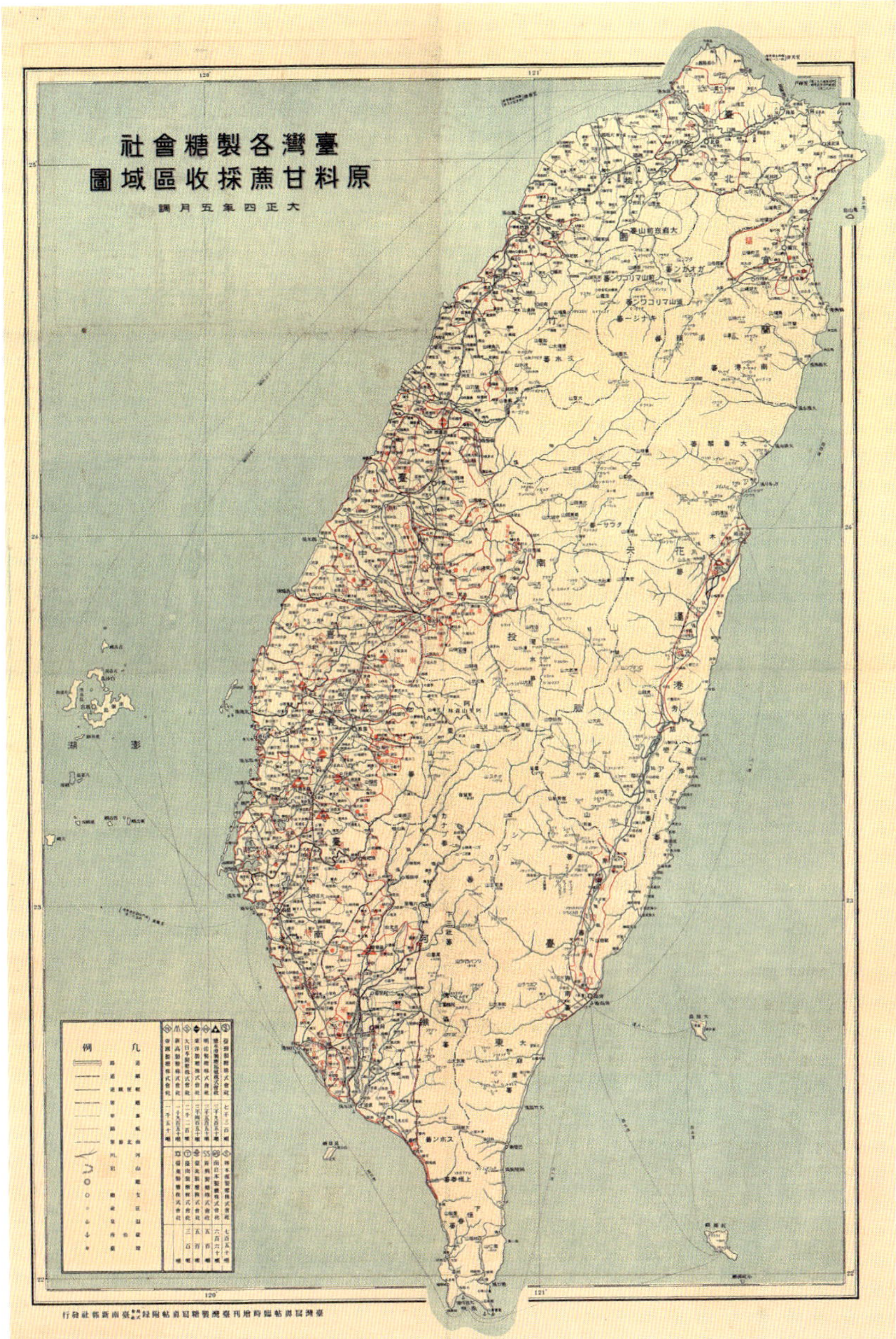

大正4年（1915年）の台湾各製糖会社の原料となるサトウキビの収穫地域を表した地図

土地を借り上げたり取り上げたりし、またサトウキビ農家からは買い叩いて、買い上げ価格を低くするだけでなく、はかりをごまかすことまでしていたので、蔗農抗争と呼ばれる農民運動も引き起こした。当時、台湾語で「いちばんのバカ、サトウキビを会社のはかりではかるやつ」などという言い回しが生まれたほどだ。

日本統治時代末期には、台湾は第二次大戦の影響と、連合軍の空襲によって砂糖工場が被害を受けたことで、砂糖の生産量が大きく減少した。

戦後の台湾製糖業の興亡と転換

戦後、国民党政府が一九四五年に台湾を接収すると、一九四六年には「台湾糖業公司」（台糖）を設立し、日本の製糖企業が残した機構、土地と生産設備を接収した。

台糖は台湾における製糖業を発展させ続け、大量に輸出することで外貨を獲得していた。それは一九六〇年代に最高潮に達し、台湾の輸出による利益の八割にも達するほどだった。

一九九〇年代以後には、台湾における砂糖の生産コストの増加と、国際的な砂糖価格の下落によって、台湾における製糖業は衰退し、輸出量もじょじょに減っていった。

二〇〇〇年以後には、台糖は多角化経営に転換し、量販店、ガソリンスタンド、養殖業、バイオ産業、食品業、胡蝶蘭などの精緻農業などから、砂糖工場跡での観光事業、観光鉄道としての糖業鉄道も含めた糖業文化創意園区の開発なども行っている。

魚や肉の加工品

家庭に冷蔵設備が普及してからじっさいにはまだ百年足らず、それ以前にはどのように腐りやすい魚や肉を保存していたのだろうか？　もっとも一般的なのは塩漬け（台湾語で「豉」）、と乾燥（台湾語で「曝」）という二つの方法であった。また先に塩漬けしておき、乾燥させることもある。

豉《シィ》
塩や砂糖、酒などの調味料を使って食物を漬けこむこと。おもには塩に漬ける。塩は腐敗のもとになる細菌の増殖を抑制することができるためである。台湾語ではこれを「豉塩《シィイアム》」といい、「豉魚」「豉肉」「豉菜頭」「豉鹹菜」などと使う◆注／1。塩漬けにした食物は「鹹魚」「鹹肉」「鹹卵」「鹹菜」などと呼ばれる。

曝《パッ》
食物を日の光に晒すことを指すが、風で乾かすことも含む。水分を減らして乾燥させると細菌は増えることができなくなるためである（燻製にも水分を減らす働きがある）。台湾語でこれを「曝乾《パックア》」と呼ぶ。俗に「生で食うにも足りないところ、『曝乾』にするぶんありはせぬ」などという。

魚や肉は塩漬け、乾燥を経て長期保存でき、人類はそれによってじゅうぶんな栄養と熱量を摂取できるようになった。また時間がうながす醗酵過程は、魚や肉に特別な風味を与えたのである。これは世界各地の飲

◆1　教育部『台湾閩南語常用詞辞典』では「豉」の字を、日本統治時代の『台日大辞典』では「漬」の字を当てている。

食文化が互いに影響しあわずとも共有する知恵である。

魚の塩蔵・乾燥加工品

台湾は海産物の豊富な島であるため、海洋の飲食文化を持つ。魚の塩漬け、乾燥食品などの海産物については、それぞれ異なる方法と名称を持っている。以下は台湾語の呼び名から説明する。

鹹魚《キァムヒィ》

塩漬けにした魚のこと。水分の多いものもあれば、乾燥したものもある。むかし、沿海部や長期の航行をする船上では、鹹魚は主要なタンパク質源であった。その他、「鹹蟯仔」（アサリの塩漬け）や「鹹蜊仔」（シジミの塩漬け）などもある。

台湾でよく獲れるサバは台湾語では俗に「花飛《ホエフィ》」と呼ぶ。むかしはしばしば「鹹花飛」（塩サバ）にされ、価格が安いことから、貧しい人々にとってのごちそうであり、またタンパク質源でもあった。

魚乾《ヒィクア》

乾燥して水分を減らした魚には、塩を使わないものと、塩を使ったものとがある。塩を使ったものは区別の為に「鹹魚乾」と呼ぶこともある。また「蝦乾」（干しエビ）、「鎖管乾」（干しヤリイカ）などがある。また扁魚、魷魚、九孔なども干して食べられている。

扁魚（カレイ）は魚体が扁平なことからついた名で、一般には比目魚（広東では大地魚）と呼び、しばしば魚乾にされる。台湾の清代の地方志には、「扁魚、干すと味と香りがよい。生から調理するのも美味」とある。扁魚は多くの場合は粉に挽いて使われ、台湾料理において特有の風味をもたらす調味料となっている。

魷魚（スルメイカ）というとき、しばしば魷魚乾、つまりスルメを指すことがある。水に戻して調理することもでき、また切ってスープにすることもできる。台湾の酒家菜と呼ばれる宴席料理に「魷魚螺肉蒜」という有名なスープがある。

九孔は台湾原産種の「九孔鮑」であり、また「台湾アワビ」とも呼ぶ。干したものを指すことも多く、これでスープを作る。清代の『澎湖《ほうこ》台湾《たいわん》紀略《きりゃく》』（一六八五年）や『澎湖《ほうこ》庁志《ちょうし》』（一八七八年）には「土鮑魚、別名を九孔」、「九孔は、アワビの小さいもの」とある。

魚鮭《ヒィコエ》

「鮭」は正しくは「膎」と書く。塩漬けにした魚やエビ、貝などのこと。とくに小魚を塩漬けにしたものを指す。一般には壷や甕の中に漬けこむ。「鹹鮭」とは塩漬けにした小魚のこと。「魚鮭」のほか、「蝦鮭」「蚵鮭」「蛤鮭」「珠螺鮭」「鎖管鮭」などがある。◆注／2

鮭の漬け汁を「鮭汁」と呼ぶ。これは醤油に類し、かつ醤油以前から使われていたものであり、今は「魚露」と呼ぶ。

むかし、鮭は飯や粥の一般的なおかずであったため、鮭に関わる言葉もよく使われた。

◆2　「鮭」は清代の台湾地方志における用字で、教育部の『台湾閩南語常用詞辞典』では、サケを表す「鮭」と混同しないよう正字にあたる「膎」を使っている。

鮭鮭《コエコエ》　果物や、魚などが変形して完全でなくなったようす。魚やエビ、貝などを塩漬けにした「鮭」は長く置くと形が崩れてしまうことから。

破鮭鮭《ポァコエコエ》　支離滅裂なようす。

溶鮭鮭《イウコエコエ》　溶けてどろどろした状態のこと。

豉人鮭《シイランコエ》　多くの人が小さな部屋に詰めこまれているようす。小魚が塩を振られて甕に詰めこまれていることから。

魚脯《ヒイポオ》

「脯《ポォ》」には乾いて縮む意味があり、乾燥させるか塩漬けにして水分を抜いた食べものを指す。「魚脯」はしばしば小魚を干したものを指す。

台湾の掛け言葉にこんなものがある。「一皿の魚脯――『頭』ばかり」。小魚は目と頭の比率が大きいので、小魚を干したものが皿に並ぶと頭ばかりに見える。それをみながトップになりたがる集団に例えたもの。

魚脯《ヒィフウ》

「脯《フウ》」◆注／3の字は「ポォ」と読むと加工した干し肉を指し、「フウ」と読むとでんぶのように細かくした食品を指す。

魚鯗《ヒィシウ》

「鯗」（「鮝」とも書く）は開いて干した魚のことで、塩気のあるものも、ないものもある。たとえば江蘇・浙江の特産物に「黄魚鮝」がある。とくに高級なのはニベを干した「白鮝」である。清代の台湾地方志には「魚鮝」「鰻鮝」が見える。また澎湖では、特産の龍占（ハマフエフキ）を「塩漬けにして『鮝』にする」とある。現在でも澎湖では開いて干した龍占魚が売られている。

魚子《ヒィチィ》

清代の台湾地方志では「烏魚子」の略称として記載されており、すなわちからすみのこと。『台湾府志』（一六八五年）には、「烏魚の卵を乾かしたものを烏魚子と呼び、美味である」とある。

魚翅《ヒィチィ》

「鯊魚翅」つまりフカヒレのこと。サメのヒレを乾かして作る。いわゆる「四大海味」とされる「鮑（干しアワビ）、翅、肚（魚肚、魚の浮き袋）、参（海参、干しナマコ）」の一つ。清代の『澎湖庁志』（一八七八年）にはこうある。「サメの上等なものを龍文鯊と呼ぶ。皮には黒と白の文様がある。その胸鰭や背鰭を取り、乾かして魚翅とすると珍奇な美味となる」

◆3　在『台日大辞典』の「脯」字には、「ポォ」と「フウ」の二種の発音があり、それぞれ別の意味を表す。ただし教育部の『台湾閩南語常用詞辞典』には「ポォ」の発音しか収録せず、「フウ」の発音については別に「拊」の字で表している。

肉の塩蔵・乾燥加工品

鹹肉《キアムバア》 塩漬けにした（おもに豚の）肉。

肉脯《バアポオ》 肉乾とも呼ぶ。（おもに豚の）肉の干物。

肉脯《バアフウ》 味つけし乾燥した肉を細くさいたもの。

鹿脯《ロッポオ》 鹿肉乾とも呼ぶ。清代の台湾地方志には、「魚を塩漬けして『鮭』を作り、シカ肉を塩漬けして『脯』を作る」とある。

鴨鯗《アアシウ》 「魚鯗」は「魚の開き」を指す。その作り方を家禽に用いたものには「鴨鯗」や「鶏鯗」がある。宜蘭の名産として知られる「鴨賞」はもともと「鴨鯗」と書くのが正しい。しめたアヒルを内臓を取って開き、塩漬けにしたあと重石をかけて平らにしてから乾かした後で、サトウキビの搾りがらを使って燻製にして作る。

台湾原住民族による魚や肉の加工

台湾の原住民族にも魚や肉を塩漬けにする食文化が存在しており、腐って虫がわいた塩漬け魚や、塩漬けにしたシカの内臓を好んでいたという記録がある。

オランダ統治時代の初年、最初に台湾に布教に訪れたプロテスタントの牧師康徳迪午士（干治士とも、Georgius Candidius）は、新港社（台南新市）で布教した。彼の著作『台湾略記《たいわんりやくき》』（オランダ語題は*Discourse endecort verhael van't eylant Formos*）には、当時の台南の原住民族の生活が記録されており、また彼らが

「塩漬けの魚と腐った肉」を食べる習俗があると書かれている。

清代の『諸羅県志』（一七一七年）には、台湾の原住民族の食習慣にふれた「番俗飲食」の項目がある。「小魚を捕らえ、薄く塩をして漬けこみ、腐らせる。虫がたくさんわくのを待ってから食べる。また魚を『鮓』にするのを好み、そのさいはらわたは抜かずに漬けこむので、すぐに腐る。」

また清の乾隆年間の范咸『重修台湾府志』（一七四七年）にも「番社風俗」という項目がある。「およそ魚を獲るには、水の澄んでいるところで魚がはねると、三叉のモリを射つか手網ですくう。小魚は火を通して食べるが、大きいものは塩漬けにする。魚のはらわたは除かず、魚の口から塩を入れて甕の中に入れ、一年あまりもしてから生でこれを食う」

清の杜臻は台湾の明清交替期に、『澎湖台湾紀略』（一六八五年）という短い書物を書いてこう記載している。「山にはシカが非常に多い。人はモリを使うのがうまい。モリの長さは五尺ほど、先ははなはだ鋭く、虎やシカもこれで刺されればたちまち倒れるほどである。かれらがシカをとるさいには、昔は冬が多く、シカが群れて出て来るのをうかがって、集団で追いながら取り囲む。群れを狩りつくし、丘のように積み上がるほどだ。まず皮と角を取り、次にその肉を干し肉にし、さらに舌と雄シカの陽物『鹿鞭』、またアキレス腱『鹿筋』

清代乾隆年間『番社采風図』（1744年）

を取って干して別に取っておき、箱に詰めてこれを華人に売る」

清の乾隆年間の劉良壁『重修福建台湾府志』(一七四一年)の「土番風俗」にはこうある。「鹿を獲ることを『出草』と呼ぶ。まず火が燃え広がらないよう茂みを道状に刈っておき、原住民族は丸く囲いのように立って、火をつける。シカやノロが驚いて逃げようとするところを、弓で矢を射、投げ槍を投げてこれを刺すのである。獲れたシカはさばいて、みなで集まって宴会をする。臓腑は甕の中に塩漬けにする。これを『膏蚌鮭』と呼ぶ。また塩少々をふって塩漬けにしてこれを食べる。およそ鳥や獣の肉は火であぶって血がしたたるくらいで食べる。また生の血をすすってその後に皮をはぐ。羽や毛をむしらずに食べることはしないだけだ」◆注/4

また、シカの肝臓を刻んだ後に塩漬けにしたものを「膏蚌鮭」と呼び、長く置いた後には「噤口痢」(中国医学でいう食欲不振をともなう下痢症状)を治す効能があるとする資料もある。

台湾における初期の魚肉加工品

台湾におけるオランダ統治時代および清代の、魚や肉の塩蔵加工品は、すべて船で台湾の海峡の対岸にあたる中国に運ばれていた。十七世紀の『ゼーランディア城日誌』などのオランダ語文献と鄭氏統治時代の資料からは、当時台湾から中国に売られた魚の塩蔵食品にはおもにイカ、サワラ、イワシ、フカヒレがあり、肉の塩蔵食品には鹿脯、牛肉乾があったことが分かる。◆注/5

『ゼーランディア城日誌』によれば、当時の台湾で獲られた魚はどれも輸出用で、一部の安い魚が自家用だった。たとえば、ふつうZeekat(ツツイカやコウイカを指す)は輸出されたのに対し、自分たちはイカの中でも澎湖の安価な「柔魚」を食べていた。『澎湖庁志』には柔魚は「烏鰂に似て身が厚く、日干しにできる。小さいものは墨斗と呼び、味は劣る」とある。

一六二四年、オランダ人が台湾を統治する以前には、すでに福建や広東の沿海部の漁民たちは台湾まで漁に来ていた。最初は季節によって止まるだけだったが、後には根を下ろして農業も行うようになり、じょじょに定住に至ったのである。オランダ統治時代から漁民たちから税を徴収するようになり、鄭氏統治時代、清代もこれに続いた。

「烏魚」ボラ

烏魚ことボラでもっとも価値のある部位はメスの卵巣で、塩漬けにし乾燥して「烏魚子」すなわちからすみを作る。清代の台湾地方志には、「ボラはその卵を干し乾かしたものを烏魚子と呼び、味がよい」とあり、「卵はほぐさず塩漬けにして乾かすと味がさらによくなる」、「その卵はほぐさず塩をし、石を重しにして乾燥す

◆4　「出草（ツッサウ）」は台湾にしかない漢語の語彙で、十七世紀の台湾の華人たちが原住民族による鹿狩りを呼んだ言葉に起源する。その後、台湾語における用法としては、出帆や出港、海に出ること、出張や出勤までをも意味した。では「草」とは何の意味なのかといえば、鹿が草を食うのは草原であるから、おそらく出発して草原に鹿狩りに行くという意味だったのだろう。
十九世紀以後には、シカがほぼ獲りつくされてしまったこと、また漢民族が山地の原住民族の居住地域に侵入して、原住民族と漢民族の間にしばしば武力衝突が発生したことで、「出草」という言葉が徐々に野番や生番が人を殺すことを指すようになっていった。
清代の台湾地方志に記載される「出草」は、清初までは鹿を獲ることを指すが、清末には人の首を狩ることを指すようになったのである。

◆5　たとえば『鄭氏史料続編』巻六（順治十五年正月から九月まで）には貿易船が台風に遭って失った貨物のリストがあり、蘇木（スオウ）、胡椒、綿花、象牙、馬蹄錫、藤、檳榔、蝦米、牛肉乾、白米、魚乾などと書かれている。

る。あぶると酒のつまみになる」などとある。◆注／6

ボラの身は、塩漬けにして鹹魚にでき、からすみとともに中国に売られていた。

からすみは日本でも作られ、日本三大珍味のうちに数えられている（漢字では「唐墨」と書く）。当時、オランダ人たちが台湾の「烏魚子」を日本に直接売った記録はないが、中国から日本に転売されていた可能性はある。

「塗魠」サワラ

塗魠ことサワラは現在でも台南、澎湖でよく知られた高級魚であるが、当時はどのように売られていたのだろうか？『ゼーランディア城日誌』には、十七世紀の南台湾海域では、「国王魚」（オランダ語でKoningvis）が非常に多く獲れていたとあり、これが塗魠ことサワラを指す。その漁獲高は烏魚にも劣らないものだった。

清代の『諸羅県志《しょらけんし》』（一七一七年）にはこうある。「塗鮀は、姿は馬鮫に似ているが大きく、重いものは二十斤あまりもある。鱗はなく、味ははなはだ美味。十月から清明ころまで、漁師はこれを大量に獲って、塩漬けして内地に売る」。清『澎

からすみ作り（1930-31年『日本地理大系．台湾篇』より）

湖庁志』（一八七八年）にも記載がある。「塗魟は、黒色で鱗がなく、重いものは四、五十斤にもなる。初冬から仲春まで獲れる。味ははなはだ甘美であり、わら縄で縛り、塩漬けにして内地に運んで売る」。また、澎湖の物産を記した箇所にも「鹹魚は、土魟魚で作ったものがとくに上等である」と書かれている。

これらからすると、塗魟は早くから丸ごと塩漬けにして鹹魚にしたものが、もっとも上等な品として、大量に中国に運ばれ売られていたことが分かる。

「鰮魚」イワシ

台湾語で俗に「鰮仔魚《ウンナヒィ》」と呼ばれる「青鱗魚」は、今でいう「沙丁魚」つまりサーディン、イワシのことで、全世界で生産量がもっとも多い経済性魚種である。

明末の陳第の『東番記《とうばんき》』（一六〇三年）には、福建の漁民が台湾に「温魚」を獲りに来ると書かれており、文中の「温魚」が「鰮魚」イワシである。

オランダ統治時代の『ゼーランディア城日誌』の記載によれば、二月から四月に台南以南で、大量に「小魚」が獲れ、ボラやサワラとともに中国に運ばれるとあるが、これはおそらくイワシのことだろう。

清初の『台湾府志』（一六八五年）にはこうある。「鰮魚　この魚は毎年夏から秋ころに群れを成して潮に乗ってやって来る。澎湖にはきわめて多い。竹葉鰮は鰮に似てやや長く、青みが強い」。イワシには光に集まる習性があり、清代の文献には、当時の台南台江の内海や、北台湾の沿海部には「魚火」があり、火を焚いて光

◆6　それぞれ清代の『台湾府志』（一六八五年）、周元文『重修台湾府志』（一七一八年）、『噶瑪蘭庁志』（一八一六年）の記載による。

に集まる性質の魚を網に引き寄せる漁が行われていた。そこには大量のイワシが含まれていた。今日の新北金山の沿海部では、伝統的な「蹦火仔」（いさりび）漁法が行われており、そこでいちばんよく獲れるのはやはりイワシである。

今では、イワシを保存するのに一般的なのは缶詰にすることだが、昔はどのように処理していたのだろうか？清代の台湾地方志には、「鰮魚を塩に漬けて『鮭』を作る」とある。清代の『廈門志』（一八三二年）は、関税を課す食品の中に、「鰮鮭」という項目を立て、台湾から「鰮鮭」を輸出するさいには、まず廈門の税関で税金を支払うこととされていた。当時の台湾では、まだ外に向かって開いた港もなく、税関も設けられていなかったためである。

魚翅

台湾では早くからフカヒレを産出しており、オランダ語文献の記載によれば、当時台南の華人は下淡水（現在の高屏溪出海口）まで来てサメからフカヒレを作ってい

金山の「蹦火仔」によるイワシ漁

たという。◆注／7

台湾で産出されるフカヒレは、そのほとんどが中国の江蘇や浙江に運ばれ売られていた。清の黄叔璥『台《たい》海《かい》使《し》槎《さ》録《ろく》』（一七二二年から一七二四年）の「赤嵌筆談」にはこのように記載されている。

「海船は漳州、泉州で取引する……また砂糖、藍、フカヒレは上海まで運び、そこから小舟で蘇州まで商いに向かう。船が戻るさいには布疋、紗緞、枲棉、涼帽、暖帽、牛油、金華火腿、包酒、恵泉酒などを運んでくる」

また清の朱仕玠『小琉球漫誌』（一七六五年）にはこうある。「鯊魚翅は、南路嵌頂（今の屏東県崁頂郷）および澎湖で産出される。毎年十一月に、漁師たちはこれを取り、すぐに大船に載せて、江蘇、浙江に売りに行く」。

鹿脯

十七世紀はじめの台湾は、おそらく全世界における梅花鹿（ニホンジカの亜種であるタイワンジカ）がもっとも多く生息する場所であった。平原には梅花鹿が、海抜が高い場所には水鹿（スイロク）もいた。シカを捕らえて食べることは、原住民族にとって主要な肉の供給源であった。

しかしオランダ人は台湾に来てからすぐにシカの経済的価値に気づいた。鹿革は武士が鹿革の陣羽織を好

◆7　『ゼーランディア城日誌』第二冊（一六四六年五月三十一日）には以下のようにある。「一艘の小船が淡水（ここでは下淡水を指す。現在の高屏渓の河口付近の沿海部）から台南に到着した。積んでいたのは五頭の豚と、二千斤の薪、加えて千八百斤のサメ（hayen）であった。なお『ゼーランディア城日誌』でサメという場合、ふつうフカヒレを指す。

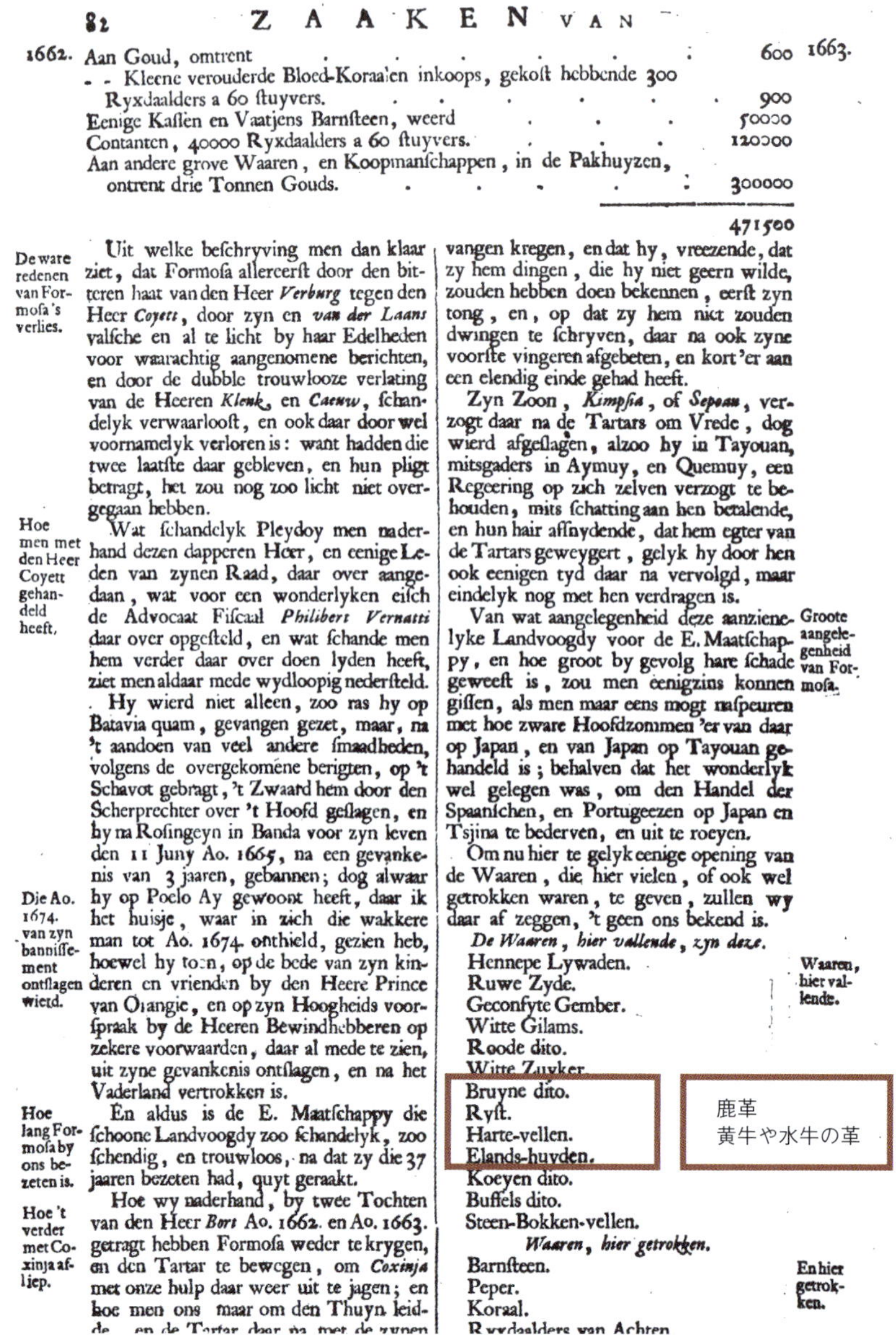

82 ZAAKEN VAN

1662.	Aan Goud, omtrent	600	1663.
	- - Kleene verouderde Bloed-Koraalen inkoops, gekoſt hebbende 300 Ryxdaalders a 60 ſtuyvers.	900	
	Eenige Kaſſen en Vaatjens Barnſteen, weerd	50000	
	Contanten, 40000 Ryxdaalders a 60 ſtuyvers.	120000	
	Aan andere grove Waaren, en Koopmanſchappen, in de Pakhuyzen, ontrent drie Tonnen Gouds.	300000	
		471500	

De ware redenen van Formoſa's verlies.

Uit welke beſchryving men dan klaar ziet, dat Formoſa allereerſt door den bitteren haat van den Heer *Verburg* tegen den Heer *Coyett*, door zyn en *van der Laans* valſche en al te licht by haar Edelheden voor waarachtig aangenomene berichten, en door de dubble trouwlooze verlating van de Heeren *Klenk*, en *Caeuw*, ſchandelyk verwaarlooſt, en ook daar door wel voornamelyk verloren is: want hadden die twee laatſte daar gebleven, en hun pligt betragt, het zou nog zoo licht niet overgegaan hebben.

Hoe men met den Heer Coyett gehandeld heeft.

Wat ſchandelyk Pleydoy men naderhand dezen dapperen Heer, en eenige Leden van zynen Raad, daar over aangedaan, wat voor een wonderlyken eiſch de Advocaat Fiſcaal *Philibert Vernatti* daar over opgeſteld, en wat ſchande men hem verder daar over doen lyden heeft, ziet men aldaar mede wydloopig nederſteld.

Hy wierd niet alleen, zoo ras hy op Batavia quam, gevangen gezet, maar, na 't aandoen van veel andere ſmaadheden, volgens de overgekomene berigten, op 't Schavot gebragt, 't Zwaard hem door den Scherprechter over 't Hoofd geſlagen, en hy na Roſingeyn in Banda voor zyn leven den 11 Juny Ao. 1665, na een gevankenis van 3 jaaren, gebannen; dog alwaar hy op Poelo Ay gewoont heeft, daar ik het huisje, waar in zich die wakkere man tot Ao. 1674. onthield, gezien heb, hoewel hy toen, op de bede van zyn kinderen en vrienden by den Heere Prince van Oranje, en op zyn Hoogheids voorſpraak by de Heeren Bewindhebberen op zekere voorwaarden, daar al mede te zien, uit zyne gevankenis ontſlagen, en na het Vaderland vertrokken is.

Die Ao. 1674. van zyn banniſſement ontſlagen wierd.

Hoe lang Formoſa by ons bezeten is.

En aldus is de E. Maatſchappy die ſchoone Landvoogdy zoo ſchandelyk, zoo ſchendig, en trouwloos, na dat zy die 37 jaaren bezeten had, quyt geraakt.

Hoe 't verder met Coxinja afliep.

Hoe wy naderhand, by twee Tochten van den Heer *Bort* Ao. 1662. en Ao. 1663. getragt hebben Formoſa weder te krygen, en den Tartar te bewegen, om *Coxinja* met onze hulp daar weer uit te jagen; en hoe men ons maar om den Thuyn leidde, en de Tartar daar na met de zynen vangen kregen, en dat hy, vreezende, dat zy hem dingen, die hy niet geern wilde, zouden hebben doen bekennen, eerſt zyn tong, en, op dat zy hem niet zouden dwingen te ſchryven, daar na ook zyne voorſte vingeren afgebeten, en kort 'er aan een elendig einde gehad heeft.

Zyn Zoon, *Kimpſia*, of *Sepoan*, verzogt daar na de Tartars om Vrede, dog wierd afgeſlagen, alzoo hy in Tayouan, mitsgaders in Aymuy, en Quemuy, een Regeering op zich zelven verzogt te behouden, mits ſchatting aan hen betalende, en hun hair affnydende, dat hem egter van de Tartars geweygert, gelyk hy door hen ook eenigen tyd daar na vervolgd, maar eindelyk nog met hen verdragen is.

Groote aangelegenheid van Formoſa.

Van wat aangelegenheid deze aanzienelyke Landvoogdy voor de E. Maatſchappy, en hoe groot by gevolg hare ſchade geweeſt is, zou men eenigzins konnen giſſen, als men maar eens mogt naſpeuren met hoe zware Hoofdzommen 'er van daar op Japan, en van Japan op Tayouan gehandeld is; behalven dat het wonderlyk wel gelegen was, om den Handel der Spaanſchen, en Portugeezen op Japan en Tsjina te bederven, en uit te roeyen.

Om nu hier te gelyk eenige opening van de Waaren, die hier vielen, of ook wel getrokken waren, te geven, zullen wy daar af zeggen, 't geen ons bekend is.

Waaren, hier vallende.

De Waaren, hier vallende, zyn deze.

Hennepe Lywaden.
Ruwe Zyde.
Geconfyte Gember.
Witte Gilams.
Roode dito.
Witte Zuyker.
Bruyne dito.
Ryſt.
Harte-vellen.
Elands-huyden.
Koeyen dito.
Buffels dito.
Steen-Bokken-vellen.

En hier getrokken.

Waaren, hier getrokken.

Barnſteen.
Peper.
Koraal.
Ryxdaalders van Achten

オランダ語で書かれたF・バレンティン『新旧東インド会社誌』の「台湾誌」。台湾から黄牛や水牛の革が輸出されたとあり、一般によく知られた鹿革の交易だけでなかったことが分かる。

んだため日本に売ることができ、シカの干し肉「鹿脯」と鹿の陽物「鹿鞭」は中国に売ることができた。大量の鹿革や鹿脯を生産するために、オランダは最初に原住民族にシカを獲ることを奨励し、さらには鹿革を納税に用いさせたりもし、後には本土から招いた華人たちもシカを捕らえる人手に加えていった。

当時、台南のゼーランディア城外の華人の街道の両脇には、鹿肉を干す人々が多かったため、オランダ人は、周辺に住む人々や行きかう人に影響が出ないよう、また臭気を出したり疫病を惹き起こしたりしないようこれに禁令を出した。

オランダ統治時代以降、鄭氏統治時代、清代にもシカは捕獲され続け、清代中期以降になるとシカはじょじょにその数を減らし姿を見せなくなってしまった。

当時、台湾では少量の干し牛肉や牛革も生産していた。オランダ側の文献によれば、鄭氏統治時代には輸出もしていたという。

日本が台湾に導入した魚の加工法

日本から台湾に導入された魚の塩漬け、乾燥製品の製法の中で、もっとも有名なものが「鰹節」と「一夜干」だ。

鰹節

日本人が発明した「鰹節」の製法とは、カツオの身から煮熟、焙乾、かびつけ、乾燥などの複雑な工程を経て作られ、美味でかつ長期に保存が可能な魚の乾燥加工品としたものである。

中国文献において鰹節が記載されるさい、これを「佳蘇魚」と書いたが、意味は分かっていなかった。清の嘉慶五年（一八〇〇年）に李鼎元は『使琉球記《しりゅうきゅうき》』に、琉球に滞在していたさい、連日海産物を食べているためか腹を下し、料理人にさっぱりした料理を頼んだところ、料理人が「佳蘇魚」を取り出したとある。これは「長さ五、六寸ばかり、形は機織りの杼のようで、質感は枯れ木のようであった。（略）かんなくずのように削る」とある。李鼎元は好奇心から「佳蘇」の名の由来を尋ねてみたものの、答えが得られなかった。そこでついに「この品は日本でたくさん食べられまた美味であり、王侯や官僚から貧民に至るまでみな食べる」ために「家常蔬菜」のようであることから、「家蔬」と略しそれが変化したのだろうと推測している。

しかしじっさいには、「佳蘇」とはカツオの音訳にすぎなかったわけだ。

「鰹節」は非常に硬く、刃物で薄く削ってようやく食べられるので、台湾語ではたきぎの意味の「柴」から「柴魚」と呼んでいる。

台湾には日本統治時代には多くの鰹節工場があった。戦後には往時ほどではなくなったものの、製法は台湾に広く伝わっている。

一夜干

日本には魚の干物の作り方として「一夜干し」があり、およそ二〇〇〇年ころから台湾で流行し始めて現在に至り、これを台湾では「一夜干《イーイエガン》」と呼んでいる。

一夜干は日本の北海道で生まれた。一晩だけ乾燥したものという意味であるから、塩気を強くして塩漬けにした魚とも、また長く日と風に当てて乾かした魚乾とも違い、魚を一部の水分を抜くことによって身の味を濃縮したものということになる。したがって新鮮さを失わずにかつ身の香りと味が濃くなる。

一夜干の伝統的な作り方は、魚に薄く塩をした後に屋外に吊るし、一晩風に当てた後に翌日に日に当てて作る。そのため温度がじゅうぶん低くないと、魚が変質してしまう。

日本では野生の竹筴魚（マアジ）で作る一夜干が上等の品とされるが、台湾ではふつう養殖した午魚（ミナミコノシロ）で作る。

現在では冷蔵や冷凍で鮮度を保てるというのに、なぜ一夜干がまだ人気が出るようなことがあるのだろうか？　満源魚舗の主人であり、鹹魚の職人でもある劉祖源によれば、現在では低温での物流が発展しているが、一夜干はまだ市場に一定の位置を占めることができるだろう、なぜなら一夜干は生の魚に塩を振って直接料理するよりずっと風味があり、魚肉酵素とタンパク質の作用と、時間によって促されることで生まれる複雑なうまみがあるからだと。

食補

食補とは何か？　補は不足をうめることを指し、体に対して使えば滋養をつけるということになる。食補とは薬補に対する言い方で、食補とは食物で体に滋養をつけること、薬補とは薬物で体の調子を整えることを言う。中国の伝統的な医療の観念では、「薬補は食補にしかず」といい、食補をより重んずる。これは食物だけが人体に必要な栄養をつけ、抵抗力を増すことができ、予防は治療に勝るという考え方に基づく。

しかし、中国医学には「薬食同源」の理論もあり、食物の中には薬用にできるものもあり、ある種の薬は食用にもなりうる。

国家衛生福利部の中医薬司は「食品と同時に提供できる中国薬材」を二百種以上も発表しており、その中にはふだんから食べられている菊の花、蓮の実、ゆり根、ナツメの実、クコ、サンザシ、ヤマイモ、白きくらげ、干しリュウガンなども含まれている。

総じていえば、食補とは薬を服用することとは違い、栄養がある、もしくは薬効がある、場合によっ

諸羅県蕭壠社の熟番

ては珍貴な食物を口にすることであり、そのため人々の人気を博しているのである。

台湾語の「食補」には二種類の発音がある。一つは名詞の「シッポォ」であり、ここまで述べてきた栄養のある食物で体に滋養をつけることを指す。もう一方は「チァポォ」で、「進補」ともいい、そうした食物を食べる意味だ。

台湾原住民族の食補

台湾の原住民族の伝統的な狩猟文化における狩猟の対象には、シカ、イノシシ、キョン、タヌキ、サルなどがあり、中でもシカは主要な肉の供給源であったが、清代中期以降にシカはじょじょに数を減らし絶滅してしまった。

アメリカの歴史学者トニオ・アンドラーデは、十七世紀の南台湾の原住民族のシラヤ族の男性がオランダ人よりもはるかに背が高かったのは、シカ肉を常食していたことと関連するだろうと述べている。◆注／1 当時のオランダ人男性の身長は今日のように高くはなく、一般的には百六十八センチほどだったのに対して、シラヤ族の男性はそれより頭半分ほど高く、百七十六センチほどの平均身長だった。

清代の台湾地方志の記載によれば、原住民は鹿を捕らえると、血をすすり、肉を食べるほか、シカの「臓腑を甕の中に塩漬けしておき」、それを「膏蚌鮭」と呼んだ。

◆1　トニオ・アンドラーデの博士論文「How Taiwan Became Chinese:Dutch, Spanish, and Han Colonization in the Seventeenth Century.」を参照。

『諸羅県志』（一七一七年）にはこうある。「鹿の肝を細かく切って塩漬けにしたものを『膏蚌鮭』と呼び、長く保管しておく。食欲がない下痢症に効くという」

華人は動物の内臓を補品として考えており、原住民族が内臓を塩漬けして取っておくことに対してもおそらくそうした観点から見ていたのだろう。

華人の伝統的な食補文化

華人の飲食文化は中国医学の影響を受けている。中国医学の食補には二つの大きな説がある。一つは「以臓補臓」つまり動物の内臓には人の内臓の不足を補う効能があるとするものだ。たとえば、脳の不足を補うのに脳を食べ、肝臓の不足には肝臓を、腎臓には腎臓、眼には眼といった具合で、精力が足りなければ陽物や睾丸を食べる。そのため、華人の飲食文化では動物の内

清代のシラヤ族

臓を肉よりも栄養があると考えてきた。むかし養豚に抗生物質やホルモンが残留する問題が起こる以前には、内臓の価格は肉よりも高かったのである。

台湾語にはこんな俗諺がある。「頭を見れば三分の補」、「頭を見れば三分の参」。魚の頭を食べれば高麗人参の三割ほどの効能はあるというのだ。また「一鹿九鞭」というと、本物に対して偽物が多いことの喩えで、ここから鹿の陽物の人気が高かったことが分かる。

この派生で「以形補形」ともいう。たとえば、クルミが脳によいとされるのはクルミのさねが人の脳に似ているからだし、トマトが心臓の働きによいとされるのは、トマトの色と見た目が人の心臓に似ており、開くと房に分かれているところまでそっくりだからだ。

もう一つの説は「食物属性」であり、食物には寒、涼、温、熱、平の五種の性質があり、身体への利点欠点を見定めて食べるものを選ぶというものだ。

もし体質が虚弱で冷えに弱い場合や、その予防をしたり、寒い気候に備えようというときには、涼性や寒性の食物を食べてはならず、温性、熱性のある食物を食べて元気を補う。これを「補陽」という。逆であれば「補陰」と呼ぶ。

食補のための調理方法としてもっとも一般的なものが「燖補《チムポォ》」で、「燉補」ともいい、とろ火でその滋養を補う食材をゆっくりと煮出す。そのときしばしば生薬も加える。

台湾食補の「三宝」

「四臣」「八珍」「十全」などの漢方薬材の処方以外に、姜母、麻油、米酒は台湾の食補において肉類と組み合わせてもっとも一般的に使われる材料である。「姜母鴨《キウボォアァ》」「麻油鶏《モアイウケエ》」「焼酒鶏《シオジウケエ》」という三つの料理が台湾における食補の「三宝」をよく表している。

姜母、麻油、米酒は多くの場合三つを同時に使う。まず鍋の中にごま油「麻油」を入れ、弱火でひねショウガ「姜母」の薄切りを熱して香りを立て、それから肉類と米酒を入れるのである。台湾のネットミームでは、台湾人にとっての「歳寒三友」は松竹梅ではなく「麻油鶏」「姜母鴨」「羊肉爐」だというのだが、これらにはどれも姜母、麻油、米酒の三つが欠かせない。

台湾料理として有名な「三杯鶏」や「三杯中巻」などの「三杯料理」では、醤油とともに加える二杯はごま油と米酒で、調味料の中には姜母も入っている。

姜母

ひねショウガのことを台湾語では「姜母《キウブウ》」と呼ぶ。また客家語ではショウガを「姜嫲《ギォンマァ》」、ひねショウガであれば「老姜嫲」と呼ぶ。

清代の『台湾府志』（一六八五年）にはこうある。「姜は、三から四月に植え、五、六月に紫色の芽が出て、指ほどの細くて柔らかなものができる。これを子姜と呼ぶ。一年経ったものは母姜と呼ぶ」。清代の『淡水庁《たんすいちょう》志《し》』（一八七一年）には、「姜は、春に植えて夏に育つ。はじめにできる柔らかくて先のとがったものを紫姜もしくは水姜と呼び、老姜を姜母と呼ぶ」とある。文中の「紫姜」は台湾語で「茈姜《チイキウ》」と呼び、華語で「嫩姜」、日本では葉生姜や谷中生姜と呼ぶものだ。

清代の『諸羅県志』（一七一七年）には、漢代の『説文解字』を引用して、「『姜』は『薑』、『䕬』とも書き、体に湿気がたまるのを止める菜である」という。ここから見ても、姜母は食補において重要な役割を持っていることが分かる。

麻油

「麻油《モアイウ》」とはごま油のことで、芝麻油とも呼ぶ。台湾では、オランダ統治時代にはすでにごまが植えられ、上質なごま油を産してきた。

オランダ語文献によれば、当時「moa」を植えていたとあり、これは台湾語での「麻」の発音を指す。

清代の『台湾府志』（一六八五年）にはこうある。「油としては『脂麻油』と『萆麻油』がある」。清代の『鳳山《ほうざん》県志《けんし》』（一七二〇年）にはこうある。「油には脂麻油、蓖麻油、菜油、落花生油の四種がある。麻油の品質は内地に勝る」。脂麻油は食用のごま油で、蓖麻油（萆麻油、ひまし油）は製糖のさい使われ、また潤滑剤としても使われた。

米酒

台湾華人には古くから「焼酒」（蒸溜酒）を作る伝統があった。台湾で「米酒《ビィチウ》」といえば日本統治時代から量産された「紅標米酒」を指す。蓬莱米（短粒のうるち米）を原料として製造される蒸溜酒で、そこに糖蜜から作ったアルコールを加えてできる。アルコール濃度は比較的高く、中国の紹興酒などの黄酒や日本の清酒などの米から作った醸造酒とは区別される。

米酒は台湾料理において非常に重要な調味料であり、食補として使われる場合はさらに多く使われ、場合によっては調理に使う水分をすべて米酒にするほどである。

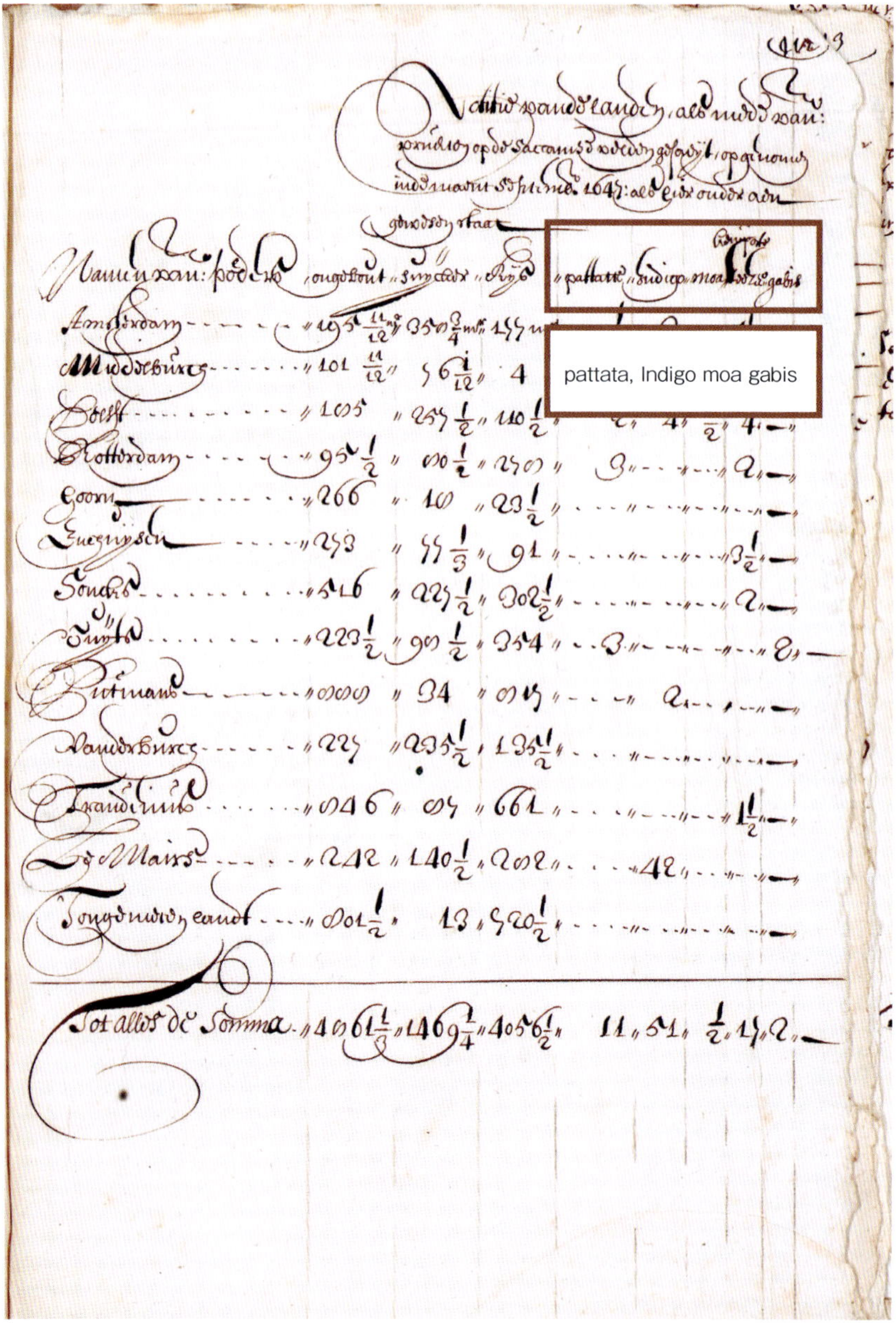

1647年、赤崁の耕地記録には当時すでにゴマ「moa」が植えられていたとある。それ以外には、ジャガイモ「pattata」、藍「Indigo」、タロイモ「gabis」

伝統的な四大食補

台湾人はふだんから食補を心がけ、春夏であれば「補陰」、秋冬になると「補陽」をする。そこで台湾語には「苦いものが食補になる」という言葉がある。苦中に楽ありのたとえである。近年では、台湾の魚市場では海産物の一般客への競り売りが流行しているが、売り手が魚の頭を売るときに「頭を見れば三分の補だ、食補がないとほんとにつらいよ」などと声をかけたりもする。もちろん、特定の時期、たとえば青少年の成長期や、出産、病気のときなどには、さらに強化版の食補が必要になるのである。

補冬《ポォタン》

冬に食補をするさい、台湾北部の人は「立冬」に、南部の人は「冬節」こと冬至に行う。この日に食補をすれば、寒さに耐える体力をつけられるというのだ。

補冬はふつう羊（山羊もしくは綿羊）や、紅面番鴨《ノバリケン》などの肉類に、酒や漢方薬材を加えてスープにする。またもち米、桂円、糖、酒などを入れて蒸した米糕も食べる。

しかし台湾語にはこんな俗諺もある。「補冬は口養い」。これは冬に食補をするなどと言って、単にうまいものが食いたいだけだろうとからかう言い方だ。

做月内《ツォグエライ》

女性が出産後一か月の休養を取ることを華語で「坐月子《ズォユエヅ》」、台湾語では「做月内」と呼ぶ。飲食の上では体を冷やすことが避けられ、食補が非常に大事になる。

一般的な補品は麻油鶏で、むかしは期間中に二、三十羽を食べてしまうことも珍しくなかった。薬がまだ発達していない時代には、こんな台湾語のことわざもあったものだ。「うまく産めれば鶏の酒煮、うまく産めねば板の中」。出産がうまくいけば美味で体に滋養をつける麻油鶏が食べられるが、出産に失敗すれば死んで棺桶に入る、というのだ。

転大人《トゥントアラン》

青少年時代に体が発育、成熟し始めるときのことを指し、「転骨」とも呼ぶ。体格がちょうど成人に変わり始めるときで、そのため発育を助ける食補が必要となる。

発育のための食補としては、むかしはしばしばおんどり（台湾語で鶏鵤《コエカク》）と漢方薬材を煮てスープにした。また「四臣湯」（四神湯とも。生薬入りの豚内臓スープ）で食欲をうながすこともあった。

手術《チウスッ》

「手術」という言葉は日本から伝わったもので、一般的には入院して「開刀」するともいう。病院は食補を出してはくれないので、むかしはしばしば補品を持って病院を訪れ、手術を受ける親族や友人を見舞ったものである。

手術後の食補として、もっとも一般的なのが「鱸魚湯」や「鰗魚湯」だ。台湾の鱸魚（スズキ）、鰗魚（ハタ）の二種の海産魚は、肉質がやわらかく弾力に富み、皮にはコラーゲンが豊富で、一般的に手術後の傷の癒合をうながすのに効果があると考えられてきた。そのためこれらの魚を「開刀魚」とも呼ぶ。◆注／2

食補から養生へ

台湾の人々が豊かになり、栄養不良の問題は早くに存在しなくなり、そこに医学的な知識の普及によって「食補」から「養生《イオンシン》」に代わり、食物の安全と栄養とのバランスを求めるようになった。これによりはじめてほんとうの意味での体を守り育てるという目標に到達できるようになったのである。

こうして、むかしからの食補の効果はどれも現代的な栄養学によって確かめられることになり、食物については魚や肉を強調しすぎることはなくなり、また素食（蔬食）にも広がっていくことで、さらに健康的な飲食文化を発展させつつある。

◆2　台湾語の⿰魚咼魚（クエヒィ）、⿰魚咼仔魚（クエアヒィ）はハタの一種に分類できる。清代の台湾文献には、ハタの仲間は「鱖」や「鱠」とあるが、後に音の近い「⿰魚咼」「過」「郭」などと書かれるようになった。

辛いものを食べる

トウガラシ（学名*Capsicum annuum*）は中南米の熱帯地域原産で、十五世紀末にスペイン人によってヨーロッパに持ち帰られ、十六世紀には東南アジアに伝わり、そこから東アジアに広がった。最初はたんに薬用もしくは観賞用とされていたが、のちには辛みと香りをつける香辛料として重要なものになっていった。

トウガラシの辛み成分（カプサイシン）は強い刺激性を備えているが、これは決して舌にある味蕾でのみ感じ取れる「味覚」ではなく、化学物質が細胞を刺激し、神経のある体の部位であればどこでも感じ取れる「痛覚」である。たとえば皮膚にやけどをしたような感覚を与えるものだ。

また、カプサイシンは体の神経細胞を刺激し、大脳に体温が上がったように感じさせ、身体の保護機能を働かせるので、発汗をうながし、呼吸が速くなり、さらには時に吐き気を催す症状までも生む。しかし辛さを好む人間からすると、辛いものを食べて顔じゅう汗みずくになるのはじつに爽快なものだ。

19世紀末に出版された『ケーラーの薬用植物』に収録されたトウガラシ

トウガラシの台湾への伝播

トウガラシは台湾に伝わったさいには「番姜《ホァンキウ》」と呼ばれていた。トウガラシは外来の植物であり、食べるとショウガのような刺激のある風味を持っていたので、それを「番姜」と呼ぶのは名づけの慣例に沿っていたと言えよう。◆注／1

清代の台湾の地方志はトウガラシを「種はオランダから伝わったもの」、「種は咬留吧（インドネシアのジャカルタ）から伝わったもの」と書くが、オランダの文献によれば、当時台湾では大量の「ショウガ」（オランダ語ではGember）を植えていたものの、華人が呼ぶところの「番姜」を育てていた記録はない。

これらから、トウガラシはむしろオランダ統治時代より前に台湾に伝わっていた可能性がある。「種はオランダから伝わった」という記述はあるものの、東南アジアから伝わったとも解釈できるので、かならずしもオランダ人が栽培品種を導入したわけではない可能性がある。

じっさい、スペイン人は一五七〇年代にすでにフィリピンのマニラにおいて勢力を確立し、一六三五年にはフィリピンを管轄地域として治めるようになっていた。当時、中国の福建・広東の漳州・泉州・潮州の人々は東南アジアや台湾と往来していたので、すでにトウガラシをフィリピンから台湾、中国に伝えていた可能性がある。

◆1　台湾語で「番姜」の味は「ヒァム」と形容される。日本統治時代の『台日大辞典』では「辛」の字が当てられるが、教育部の『台湾閩南語常用詞辞典』では「薟」の字が当てられる。晋代の辞書『字林』には、「薟」は辛味のある「水中に生える韮の類」と書かれている。今のトウガラシは台湾語で「番姜（ホァンキウ）」「番仔姜（ホァンナキウ）」の他、「薟姜仔（ヒァムキウア）」「薟椒仔（ヒァムチオア）」とも呼ばれる。

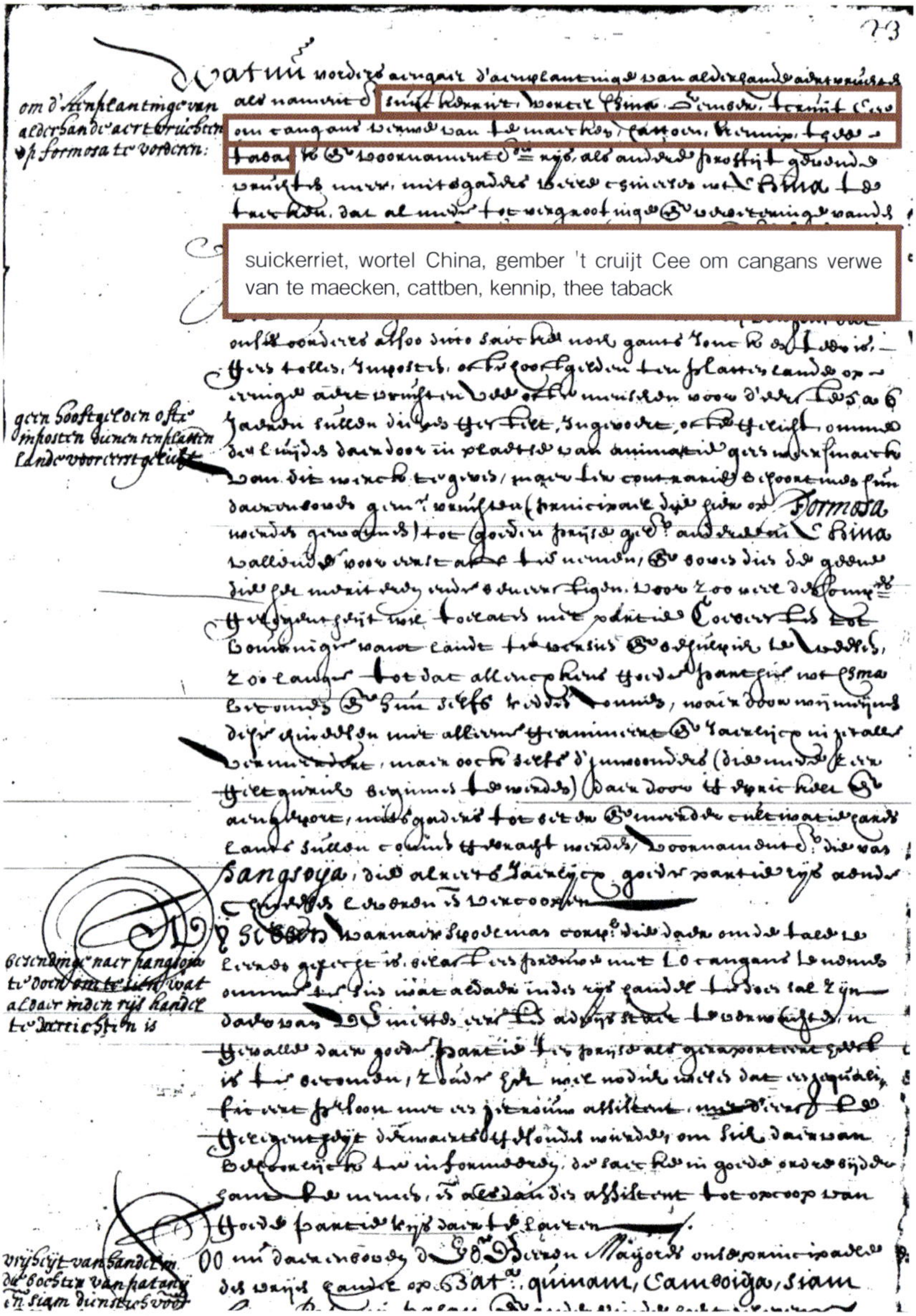
suickerriet, wortel China, gember 't cruijt Cee om cangans verwe van te maecken, cattben, kennip, thee taback

1639年5月16日の『ゼーランディア城決議録』には、台湾では大量に生姜（gember）を植えているとある。また植えているものにはほかにサトウキビ（suickerriet）、土茯苓（wortel China）、木藍（'tcruijt Cee）、布用の染料に使われる植物（om cangans verwe）、綿花（cattben）、麻（kennip）、茶（thee）、タバコ（taback）などがあり、そのうち綿花は導入に失敗したと書かれている。

清代の乾隆期に范咸が編纂した『重修台湾府志』（一七四七年）には「番姜は多年草であり、種はオランダから伝わった。花弁は白く、緑色の尖った実をつけ、熟すとその紅色は目を奪うほどである。中にある種は辛味があり、原住民族たちは殻ごとこれを食べる」とある。

清の道光年間の『噶瑪蘭庁志《クバランちょうし》』（一八五二年）にはこうある。「番姜は花は白く、種のさやは緑で熟すと紅色になる。中に種があり辛みが強い。また実には丸いもの、尖ったもの、小さいものなどがある。この種は咬留吧から伝わったものである。乾かして辣醤を作れ、湿気による不調を治してくれる野菜である」

これらからすると、台湾の原住民族はトウガラシを生で食べていたようだ。また華人は「辣醤」にも加工していた。当時から中国医学における「散寒燥湿」、体を温めたまった湿気をはらう効果があると考えられていたようだ。

トウガラシの中国への伝播

中国にトウガラシが伝わった当時には「番椒」と呼んでいた。これは中国原産「花椒」や早くから中国に伝わった「胡椒」と対比した名である。

明の崇禎年間に姚可成によって編纂された『食物本草』（一六四二年）には、トウガラシの薬効についてこう書かれている。「消化不良を解消し、気の滞りを治す。食欲を増し、邪気を払い、生臭みや毒を消す」では「番椒」という名がどうして「辣椒」に変わったのだろうか？　中国語ではもともとからいことを「辛」といったが、後漢末年の俗語を収録した辞書『通俗文』には「辛の甚だしきことを辣という」とある。「辣椒」の名もこれを根拠にしているのだろう。中国において、辣椒はもともとある花椒や胡椒に比べてさらに「辣」

であり、後にはもっともよく使われる香辛料になっていった。

辣椒の食用について言えば、最初に伝わったのは台湾、福建であったが、その辛みが好まれなかったようで、そのため一般的なものとはならなかった。のちに貴州、四川、湖南などに伝わると広く好まれるようになり、清代の乾隆年間以降にじょじょに発展してそれぞれの土地の料理の特色となっていったのである。

辛いものをあまり好まなかった日本人

日本語の「唐辛子」（トウガラシ）の「唐」は中国であるから、そのまま見れば中国から伝わったようにも思われるが、「唐」は外国一般をも指せることから、必ずしも中国から伝わったとはいえない。

南アジア、東南アジア、東アジアの国々の中で、日本は相対的にあまり辛いものを好まないと言えるだろう。日本料理は一般的にあっさりとした味を求めるもので、トウガラシを直接料理に使うことは少ない。日本料理店の卓上にしばしば見かける七味唐辛子や柚子胡椒も、トウガラシの量が多くはない。日本の食品に「辛口」「激辛」と表示されているものも、極端に辛いと言えるものは少ない。

インドカレーはもともと辛いものだが、日本人は果物（リンゴなど）のペーストを加えて辛みを抑え、甘味のある日本式のカレーを生み出している。

日本人はなぜあまり辛みを好まないのだろうか？　一般に、伝統的に多くの日本人があまり辛いものを食べすぎると体に悪いと考えているようだ。そのため、日本料理は台湾の飲食文化に対する影響が大きいものの、ワサビこそあれトウガラシはそこに含まれなかったのである。日本の文献の中にも、台湾人が辛いものを食べることについて触れたものは少ないが、台湾料理の「紅焼魚《アンシオヒイ》」には、調味料に「番姜」（トウガラシ）が

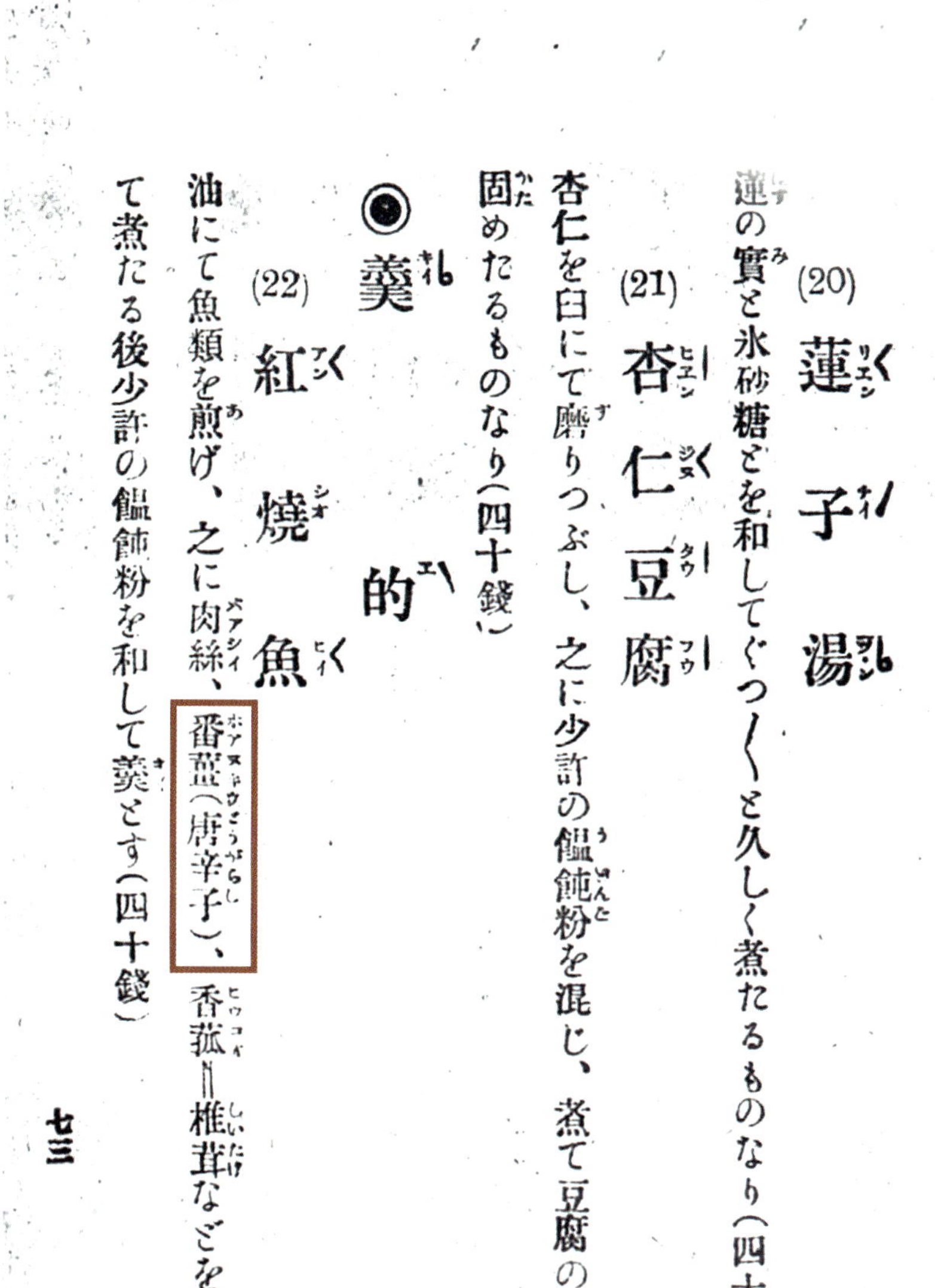

(20)　蓮《リエン》子《チイ》湯

蓮《はす》の實《み》と氷砂糖とを和してぐつ〱と久しく煮たるものなり（四十錢）

(21)　杏《ヒエン》仁《ジヌ》豆《タウ》腐《フウ》

杏仁を臼にて磨《す》りつぶし、之に少許の饂飩《うどん》粉を混じ、煮て豆腐の如く固《かた》めたるものなり（四十錢）

◉羹《キイ》的《エ》

(22)　紅《アン》燒《シオ》魚《ヒイ》

油にて魚類を煎《あ》げ、之に肉絲《バアシイ》、番茄《ホアヌキウ》（唐辛子《とうがらし》）、香菰《ヒウコイ》＝椎茸《しいたけ》などを和して煮たる後少許の饂飩粉を和して羹《き》さす（四十錢）

七三

日本統治時代の「台湾料理法」の「紅焼魚」の材料にはトウガラシが含まれている

加えられている。

辛いものを食べると親不孝？

台湾では、それ以前から日本統治時代にかけて、辛いものを食べる人はいてもあまり一般的ではなく、ある料理を調理するのにトウガラシを使うことはあっても、おもな味つけとは言えなかった。

台湾の民間には辛いものを食べるのは不孝であるという説がある。そうたびたび耳にするわけではないが、そうした説がどこから来たのかについては好奇心をそそられる。

辛いものを食べることがどうして不孝になるのかについては二つの説がある。

第一に、辛いものを食べると人の心を辛辣、悪辣にするからだという。これが両親に不孝であるという。まさしく迷信にすぎないものの、それでもこれにより辛いものをタブーにする人がいる。

第二に、あまり辛いものを食べると体を傷つけることになり、とくに目を傷めるから、古人のいう「身体髪膚はこれを父母に受く、敢えて毀傷せざるは孝の始めなり」という言葉に従って、辛いものを食べるのを不孝だというのである。

また、仏教の五辛（五葷菜）の説に基づき、食べれば「福や徳が日に日に少なくなる」というので、地獄に落ちるかもしれず、そのため不孝であるという。

しかし、もともとの五辛にはネギ、ニラ、ニンニクなどの植物しか含まれておらず、トウガラシはその中に入っていないので、これはあるいは民間信仰によって拡大解釈されたのかもしれない。

戦後のトウガラシの流行

戦後、中国各省の軍人や民間人が大量に台湾に移民し、台湾の飲食文化は豊かになった。その中にはトウガラシを多く使うことを特徴とする四川料理、湖南料理が含まれており、辛いものの流行が起こり、もともとはあまり辛いものを好まなかった多くの台湾人を惹きつけた。

台湾人はむかしは豚バラのゆで肉や蒸し鶏を食べるのにニンニク入りの醬油をつけていたが、戦後は生のトウガラシを刻んだものを醬油に入れることも多くなった。

四川料理の麻辣

四川料理は「麻辣」味、すなわち「花椒」（カショウ）と「辣椒」（トウガラシ）の風味で知られている。これに「胡椒」（コショウ）を加えると「三椒」となる。また四川人は台湾で辛みのある豆瓣醬をも作っている。これにより、台湾では工場で量産された辣椒醬、辣椒油、辣豆瓣醬などが出回り、一般家庭に浸透している。

台湾で有名な四川料理には担担麵、麻婆豆腐、宮保鶏丁、豆瓣鯉魚などがあるが、とくに「川味紅焼牛肉麵」は台湾で生まれ、今に至るまで流行し続けており、外国からの観光客にも好まれている。

一九八〇年代、台湾で麻辣火鍋が流行し、わざわざ四川や重慶に行って研究したものまでいたほどだ。のちに台湾では「麻辣鍋文化」が形成され、夏に冷房のきいた店内で食べるのが習慣になった。また年中無休で提供する店も現れ、麻辣鍋拉麵や、麻辣鍋風味のインスタントラーメン、麻辣燙小吃なども加わって、台湾全体の流行になったといえるだろう。

東南アジア料理の甘酸っぱさと辛み

戦後、台湾が経済的に発展して人々が豊かになるにつれて、エスニックレストランが現れはじめた。とくに全世界的に流行したタイ料理は台湾でも人気が出た。

台湾では一九七〇年代末から東南アジアからの新移民の女性が（多くは外国人妻となって）増加した。中でもベトナム国籍の女性が最も多く、一九九〇年代になって、台湾各地にベトナム由来の小吃の屋台ができ、台湾の小吃と溶け合って「越台小吃」となったものも現れた。

また、台湾にはインドネシア国籍の女性と結婚したり、労働者が移り住んだことも多かったため、インドネシア風味の小吃の店も増えている。

東南アジアの辛みのある料理は、しばしば新鮮な柑橘類の酸味も加わり、甘酸っぱく辛みのある味つけに特徴がある。とくにココナッツミルクを加えたものは独特の風味がある。

剝皮辣椒

塩水漬け、酢漬けにしたトウガラシとしては、メキシコのハラペーニョが世界でもっともよく知られている。辛みの中に酸味があり、しばしばハンバーガーやピザ、メキシコ風のトルティーヤチップスなどと合わせられる。

四川料理にもトウガラシを漬けた「泡椒」があるが、台湾ではかならずしも一般的ではないので、自作する人もいる。

一九九〇年代には、台湾人は他の素材にもしばしば用いられる醬油漬けの方法を使って「剝皮辣椒」を発明した。新鮮な青トウガラシを油で揚げて皮を剝き、種を取り、醬油、砂糖、水などを合わせて漬ける。食べると香りと辛み、ぱりっとした食感がある。

後には剁皮辣椒は発展を続け、工場で大量生産されるとともに、ブランドごとの競争も起き、青トウガラシや赤トウガラシで作ったもの、またゴマ油風味や苦茶油風味などが販売されている。

二部

「いかに食べるか」の台湾史

大航海時代の帆船における食事

十九世紀に蒸気船が発明され普及する以前は、ヨーロッパ人や華人が台湾に渡航するための交通機関はすべて帆船であり、季節風と海流に頼って航海したため非常に長い時間がかかった。冷蔵設備もなかった時代に、船員たちは船の中で何を食べ、何を飲んでいたのだろうか?

大航海時代の台湾

いわゆる大航海時代(十五世紀半ばから十七世紀半ば)において、ヨーロッパ人が最初にアジアに向かったさいの航路は、すべてアフリカの西海岸に沿って南下し、喜望峰を回ってインド洋に到達し、さらに海岸をたどりながら東南アジアに渡るというものだった。航行には四か月から半年かかり、時には気候などの要因から九か月以上かかることさえあった。

一五六五年にスペイン人のロペス・デ・レガスピが太平洋航路を開いた。これはスペインのアメリカ大陸における植民地であるメキシコのアカプルコから出発し、北緯十五度の北赤道海流に乗って、西向きに太平洋を渡って東南アジアに到達するルートで、航行期間は約三か月であった。

台湾のオランダ・スペイン統治時代(一六二四年から一六六二年)、オランダの帆船はアジアにおける本拠地であったインドネシアのジャカルタから台南までおよそ半月あまりで、スペインの帆船は本拠地フィリピンのマニラから基隆まで一週間前後で到着できた。

当時最大の大洋航海用の帆船「ガレオン船」には最大三百人が搭乗でき、大量の食物と飲料を準備する必要があった。新鮮な肉類、野菜や果物の不足に、衛生条件が悪いことも重なって、乗客はしばしば腹をこわし、壊血病にかかることも多かった。

ガレオン船における食料配給と飲酒

オランダに残る資料によれば、ガレオン船には決まったメニューがあり、統一して購入し携帯するのに便利なようにされていた。食物は腐敗する可能性があるため、事前の処理を必要とした。主食は米飯やパンで、パンは乾パンにされていた。肉類は主には塩漬けで、干し魚・豚肉・牛肉、それから油脂があった。乳製品としては主にバターとチーズ、野菜は主にエンドウ豆とキャベツの漬物だった。◆注／1 果物としては主には砂糖漬けのすももがあった。◆注／2

朝食はふつう大麦の粥（オランダ語ではgortepap）に、バターとすももが配給された。昼食はあたたかい食事で、米飯・パン・エンドウ豆・塩漬けの魚や肉が食べられた。夕食は昼の残りを食べた。そのほか、間食にあたるものもあり、それは主にビスケット・チーズ・キャベツ漬け・マスタードなどだった。

しかし船尾に近い客室に泊まる役人や貴賓たちは、はちみつ・シ

オランダのガレオン船、マウリティウス号（1600年）

ロップ・ハム・干しぶどうや各種の香料といった特別な食物にありつけた。ときには船尾楼の小さなテラスで野菜を育て、ニワトリを飼い、さらには豚や羊も飼育して、新鮮な食物を貴賓たちにふるまうこともあった。それでもこれら役人や貴賓たちもやはり食物の問題のために病気にかかることはあった。しかし一度の航行における生存率は一般の船員や乗客よりは高かったのである。

船上の飲料としては、飲料水のほかに酒類があった。主にビールやワインで、その他ジンなどの蒸溜酒もあった。大量の酒を準備した理由は、当時、酒は飲料水の代わりに飲んだほか、寒気をやわらげ気分を晴らす効果もあり、伝染病をも防ぐと考えられていたためだった。

酒類は種類ごとの保存期限に従って乗客に提供されていった。まずビール、それからワイン、寄港地に到着する数日前にようやく蒸溜酒が出された。これは蒸溜酒の積載量がもっとも少なかったためであり、酒に酔った船員や乗客がトラブルを起こすのを避けるためでもあった。

船における飲料水は非常に重要であった。長期間にわ

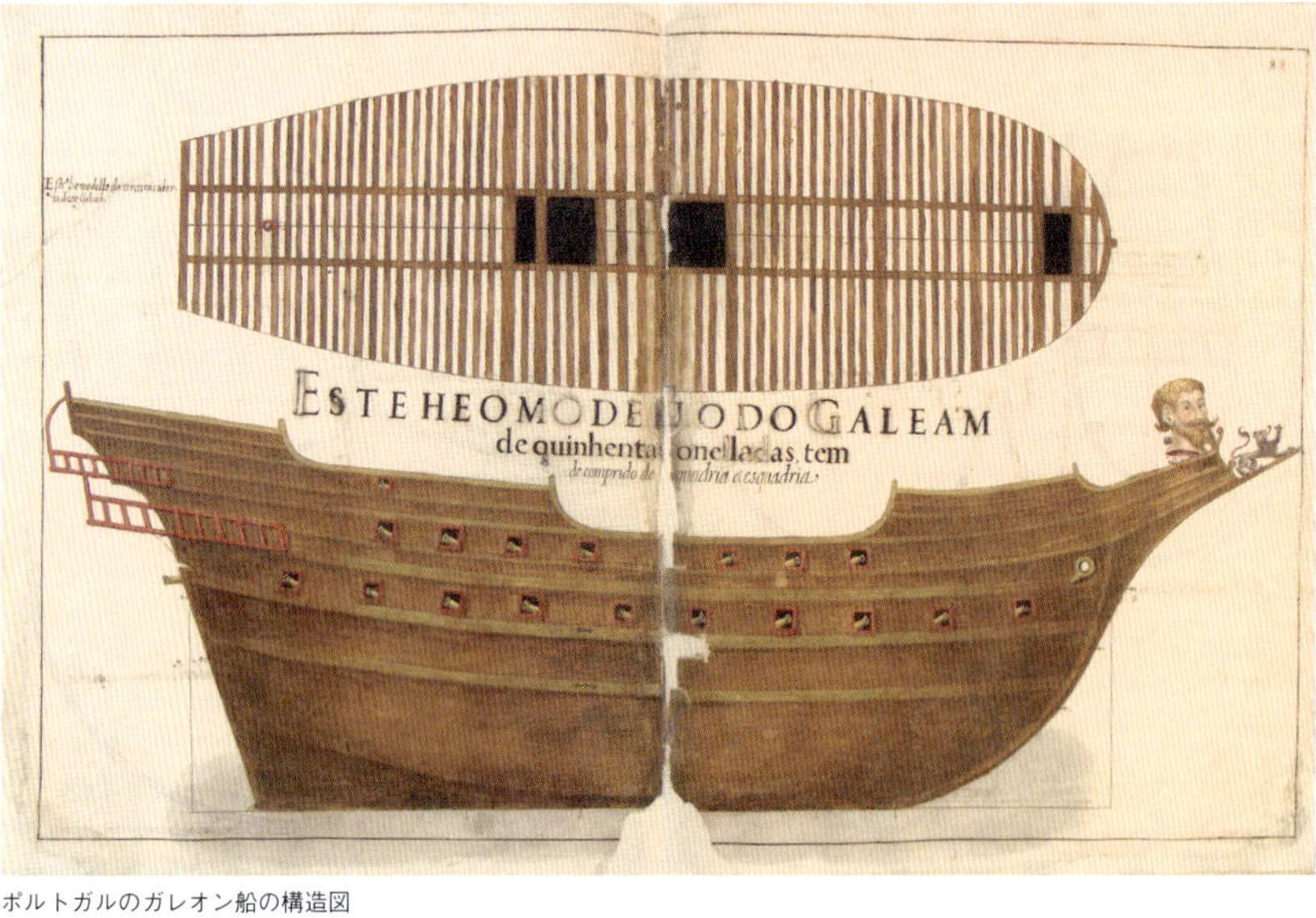

ポルトガルのガレオン船の構造図

たる航海の途中で水が足りなくなれば、船員たちが脱水症状を起こしてしまう。適切な頻度での補給がないまま航行が継続されると、船員たちの自殺や反乱さえ呼び起こしかねなかった。

そのため大洋を航海するガレオン船に最大の三百人が乗船するさいには、およそ二万五千キロのパンと一万五千キロの肉類、五千キロのエンドウ豆、そして二万リットルもの飲料水と酒類を用意する必要があった。大帆船において食料の配給をまかなう料理人は、船員の収入としては中級にあたり、数人の少年が助手にあたった。その調理助手から身を起こした人物がフランソワ・カロン（一六〇〇－一六七三）で、後にオランダ統治期間における「台湾行政長官」（一六四四年から一六四六年）を務めた。

あるオランダ船が日本に向かったさい、カロン少年は船内で料理人の助手を務めていた。彼は平戸で船を下りて日本人居住区に身を隠し、のちに日本語に精通するようになり、功績で罪を贖うべくオランダ語の通訳となり、日本人女性と結婚した。

台湾のオランダ統治時代末期にあたる一六五九年に「蕭壠神学院」（今の台南佳里にあった）が設立され、当

◆1　エンドウ豆はさやごと食べられるものと、豆のみを食べるものとがある。さやごと食べられるものは台湾の地方志に「荷蘭豆」、オランダ豆と書かれている。清代の雍正年間に台湾知府尹に任じられた士俍は『台湾志略』（一七三八年）において、「荷蘭豆はエンドウに似るが、さやがぱりっとやわらかく、香りがよく美味である」と書いている。エンドウ豆は保存のために乾燥させた。オランダ船のエンドウ豆は長く置かれたことから自然に乾燥しており、食べる時には先に水に漬けて軟らかくする必要があった。現代の栄養学の研究によれば、エンドウ豆には抗菌、消炎作用のある物質が含まれ、他の野菜と比べて食物繊維が多く、整腸作用があり、便秘を防ぐ効果があるという。

◆2　以下のＷｅｂページを参照した。
http://www.historien.nl/scheepsvoedsel-in-de-zeventiende-eeuwwoensdag-weetje/?fbclid=IwAR2rXvUs6PmslkOyBeEvpsTbuCBdKu0REv_bE5j-HRH8elS8DCS7npSM03s

長崎に入港する清の貿易船

地の原住民族の青少年を育成し学校の教師に当たらせたさいには、カロンと日本人女性との長子ダニエルがこの学校の副校長に任じられた。

中国帆船の食料配給と「総鋪」

ヨーロッパ諸国の大洋航海用の大帆船に比べ中国の帆船は比較的小さく、その大きさにしたがって十数人から二百人程度まで乗船できた。中国の帆船は航行時間もやや短く、台湾と中国南部の沿海地域の間は一日から三、四日ほどしかかからず、台湾と東南アジアや日本の間でも半月から一か月半しかかからなかった。中国帆船は航海の途中で港で補給でき、大量の食物や飲料を準備する必要はなかったためか、中国の当時の文献には船上の飲食についてまとまった記録が残っていない。

各国の断片的な関連資料によれば、中国帆船における食物には白米・ヤツガシラ・サツマイモ・小麦粉・素麵・豆腐・卵・青菜・トマト・大根と干し大根・漬物・鮮魚・塩漬け魚・塩漬け肉などがあり、それに加えて炊事用の薪や石炭などが積まれていた。

船内では港に到着したときにだけ新鮮な野菜や肉を食べることができた。しかし事故によって停泊しないといけないときには、船長は当地の役人に米・野菜・豚肉・鶏肉・飲料水などの提供を求めることができた。

船上の飲料には飲料水以外に米を使った醸造酒や高粱から造る蒸溜酒などがあった。『金門志《きんもんし》』（一八八二年）には、清代の軍船内の炊事の責任者を「炊丁」と呼び、台湾と廈門や金門島を往来する商船の場合には「総鋪」と呼んだとある。商船が「総鋪」を雇う必要があった場合――大型の一部の船に設けられた「副総鋪」も含めて――一般の水夫よりも階級は高かった。

このことからすると、台湾で「辦桌《バントォ》」と呼ばれる伝統的な出張宴会の料理長の呼び名「総鋪師《ソンポォサイ》」は、清代の帆船における料理人に語源があると考えられる。

しばしばこんな質問が出る。「むかしの帆船に乗っていた船員たちが、航海しながら魚を釣ってはいけなかったのはなぜなのでしょう？　そうすれば船上でも新鮮な魚介類が手に入るではありませんか？」じっさいのところ、当時大洋を航海する帆船は東西を問わず、そのほとんどが武装商船か戦艦で、船上のさまざまな規則は非常に厳格だった。汚い言葉を使っただけで処罰されたほどで、自由に魚を釣ることなど許されなかったのだ。

虱目魚の養殖はいつ始まった？

サバヒーこと「虱目魚《サッバッヒイ》」は小骨こそ多いが栄養が豊富で、海水でも淡水でも養殖できることから、神が貧しい人間に与えたもうた食物にさえ見える。虱目魚が台湾独特の人気の高い食材にまで発展した背景には、台湾の飲食文化の伝統と悠久の歴史があった。

台湾の虱目魚文化

二〇一六年、台湾で新たに発足した民進党政府は中華人民共和国政府との「一九九二年コンセンサス」を認めず、福建省の水産業者は台南学甲の虱目魚の買い取り契約を打ち切ったと報道された。しかし台湾の虱目魚が中国市場に進出できなくなったのは、はたして政治的要因に拠るのか、それとも飲食文化マーケティングの問題なのか、これは明らかにしておくべ

虱目魚

きだろう。

契約の打ち切りとはいうものの、これは実際には二〇一一年から始まった五年間の虱目魚の契約期間の満了と継続の停止であったといえる。なぜ継続が停止されたのか、といえば、政治との関係もあったのかもしれないが、根本的な原因は中国の大多数の民衆が虱目魚を食べ慣れず、販売が難しかったことにある。これは虱目魚に「状元魚」と縁起のよい名前をつけた程度で解決する問題ではなかった。二〇一五年から福建の水産業者は台湾から虱目魚を買い取る契約をした後、すべて台湾で転売しており、中国市場に売りこんではいなかったのだ。

飲食文化から見て台湾と福建の両岸は似たところが非常に多いが、虱目魚を食べる伝統は台湾にしかない。虱目魚は台湾において最長の歴史と最大の規模を持つ養殖漁業であり、数百年にわたって発展し、今では独特の「虱目魚文化」を形成している。

今日では、台湾で虱目魚を食べるさいには、小骨の多さが嫌なら骨抜きのハラスがあり、淡水養殖のくさみが気になるなら海水養殖があり、調理法も煎り焼き、あぶり焼き、蒸し、ゆでとさまざまあり、多くの家庭や料理店にも独自の料理法がある。その他、すり身やでんぶ、魚スナックや缶詰、一夜干などの製品もある。

こう尋ねる人もいるだろう。政府が南方への進出政策を推進するのであれば、虱目魚も東南アジア、南アジア市場を開発することはできないだろうか？　と。

ミルクフィッシュ同盟結成？

実のところ、台湾以外に、フィリピン・マレーシア・インドネシア・ベトナム・インドでもそれぞれ虱目魚が養殖されており、一般の人々も虱目魚をよく食べる。フィリピンではバンガスという名で「国を代表する魚」と呼ばれているほどだ。虱目魚は英語ではミルクフィッシュと呼ぶ。これはおそらく身が白く、タンパク質に富むことに由来するのだろう。インターネット上の各国連携した民主化運動を「ミルクティー同盟」と呼ぶが、それになぞらえて「ミルクフィッシュ同盟」が結成できそうなほどだ。

虱目魚（学名*Chanos chanos*）はサバヒー科の現存唯一の属の唯一の種だ。太平洋、インド洋の熱帯、亜熱帯の海域に分布するが、東太平洋地域ではあまり見られない。

虱目魚は海水・汽水・淡水で育ち、歯はなく主に海中の藻類や動物プランクトンを食べるため「海草魚」とも呼ばれ、海岸の養殖池での養殖に非常に適している。では、その虱目魚の養殖はいつ、どこで始まったのだろうか？

国際連合食糧農業機関（ＵＮＦＡＯ）がオランダ語文献を引用した資料によれば、「半海水養殖池あるいは護岸堤防」（インドネシア語でタンバック）による虱目魚（インドネシア語でバンデン）の養殖は、おそらく十五世紀以前のインドネシアジャワ島東部に遡ることができる、とのことだ。一四〇〇年のジャワ人の法律にはすでにタンバックから魚を盗んだものは処罰する、と書かれているという。

しかしフィリピン側の資料によれば、フィリピン人は十三世紀にすでに虱目魚を養殖しており、それがインドネシアや太平洋の島嶼地域に伝わったのだという。

オランダ統治時代以前に遡る虱目魚養殖

では台湾における虱目魚の養殖はいつ始まったのだろうか？　一般的には十七世紀にオランダ人によってインドネシアから台湾に導入されたとされる。『ゼーランディア城日誌』第三冊および第四冊によれば、一六四四年から漁業税が課されたことにより、一六四七年以降に「Oynij」に関する記録が、おもに台南の麻豆や嘉義義竹の東側一帯で見られるようになる。

オランダ語の「Oynij」は発音から見て台湾語の「塭仔《ウンナ》」を指すと考えられる。これは漳州、潮州の海岸で古くから行われていた汽水養殖法であり、インドネシアのジャワ人が行っていた「タンバック」と同様で、もっとも歴史が古く簡便な方法だった。つまり海岸に石灰岩の囲みを設け用水池を作って養殖するのである。

これは石干見《いしひみ》漁に似ているが、石干見漁が干満差を利用して魚を捕らえるため適切な場所を選ぶ必要があるのに対して、養殖のための「塭仔」は海岸に接している必要はなく、海水を養殖池の中に運び入れることもできた。

清代の『諸羅県志』（一七一七年）には「塭仔」で「虱目」や「麻虱目」が養殖されていたとあるので、ここからオランダ統治時代には虱目魚の養殖が始まっていたと目されるのである。

しかし、オランダ統治時代に虱目魚の養殖が始まっていたからといって、それは決してただちにオランダ人が虱目魚を台湾に持ちこんだことを示すわけではない。オランダ人が台湾を植民地としたのは貿易での利益獲得を重視したためであり、当時の台南における経済魚類は烏魚（ボラ）や塗魠（サワラ）であり虱目魚は見られなかった。『ゼーランディア城日誌』には、オランダ人が台湾に養殖のためにいかなる魚種の稚魚を持ちこんだ記録も見られない。

つまり台湾ではオランダ統治時代以前にすでに虱目魚の養殖が行われていた可能性が高い。台湾における虱目魚の養殖が東南アジアから導入されたのだとすれば、次の二つのルートが考えられる。一つは華人による導入である。十六世紀には中国から海外に移民した、ともに閩南語系に属する漳州人・泉州人・潮州人が「漳州・泉州・潮州文化圏」を形成し、台湾と東南アジアの間を往来していた。その過程で虱目魚の養殖も台湾に持ちこまれた可能性がある。

第二は、台湾の原住民族による導入である。古くから台湾と東南アジアのオーストロネシア語族の民族の間には往来があり「オーストロネシア語族文化圏」を形成していた。その中で虱目魚の養殖が台湾に持ちこまれたとも考えられる。

清代の台湾地方志に記載された「麻虱目」「虱目」などの魚名や、今の「虱目魚」の由来についてはさまざまな説があり、代表的なものは目に脂瞼と呼ばれる膜がついていることから「塞目魚」と書いたことに由来するという説と、スペイン語の「サバロ」から来

澎湖の石干見漁「石滬」

たという説――フィリピン語では野生の大型の虱目魚を指す――が唱えられているものの、定論を見ない。

日本統治時代の台湾の文人連横は『台湾通史』（一九二〇年）において、「台南の沿海部ではもともと魚の養殖を生業とするものがいた。その魚を麻薩末と呼ぶ。番語である」と記している。「番語」とはここでは原住民族の言葉を指す。

オランダ統治時代以前に遡れるとすれば、台湾の虱目魚の養殖の歴史は五百年以上にも及ぶことになろう。

台湾における牛肉食の四百年

台湾はもともと農業社会であり耕作、運輸などの力仕事をすべて牛に頼っていた上に、牛は賢い動物でその肉を食べると報いがあるとも言われていたため、次のような二つのことわざまで唱えられていた。

牛肉を食うと地獄行き？

一つは「ブタは死ぬのも知らずに逃げ回り、牛は死ぬのを知っても逃げぬ」。牛が、人が自分を捕らえに来るのを見ても声を上げも逃げもせずただ涙を流すのは、殺されることを知っているからだ、というのである。もう一つは「牛犬を食わねば、功名は表せぬ。牛犬を食えば、地獄は免れぬ」。中国の歴史上のあまたの英雄はみな牛や犬の肉を食べたからこそ天下に名をとどろかせたが、牛や犬を食えば地獄行きになることが間違いなしだ、というのだ。

「地獄は免れぬ」というところから今のように「紅焼牛肉麵」が流行するまでになったのだから、台湾人はいつから牛肉を食べ始めたのかという疑問が出ても不思議はない。ある人は「日本統治時代に日本人の影響を受けたのだ」という。日本では明治維新で西洋化が始まり牛肉を食べるようになった。それが台湾に伝わったというのである。またある人は「戦後の外省人の影響だ」という。その時に牛肉を食べるようになっただけでなく、台湾で造られた四川風の辛い豆瓣醬を加えて「川味紅焼牛肉麵」を発明したのだと。

牛肉を食べても隠して言わぬ

しかし、じっさいのところ清代台湾の地方志にはすでに宰牛寮・牛肉寮・牛肉巷といった地名があり、今日の台湾にも刣牛坑・刣牛寮・牛灶間などの古い地名があることから、すでに清代には台湾に牛肉の屠畜業があったことが分かる。清代の法律ではしばしば牛の屠畜を禁止し、石碑を立てて禁令を示した。これは役人の側では道徳的な立場を示して屠畜を禁じたものの、民間では変わらずひそかに行われていたことを示している。だからこそ、何度にもわたって厳しく禁令を出す必要があったのである。

清の同治五年（一八六六年）十二月に立てられた「禁私宰耕牛碑」にはこうある。

「牛の屠畜は禁じられているものの、長らく禁令が緩んでしまっている。子牛を買って耕作のために育て、牛は労働力の多くを担ってきた。朝廷ですら、大きな祭祀や儀礼でなければたやすく牛を犠牲にはしない。ましてや台湾を清朝が回復して以来、屠畜されてしまっ

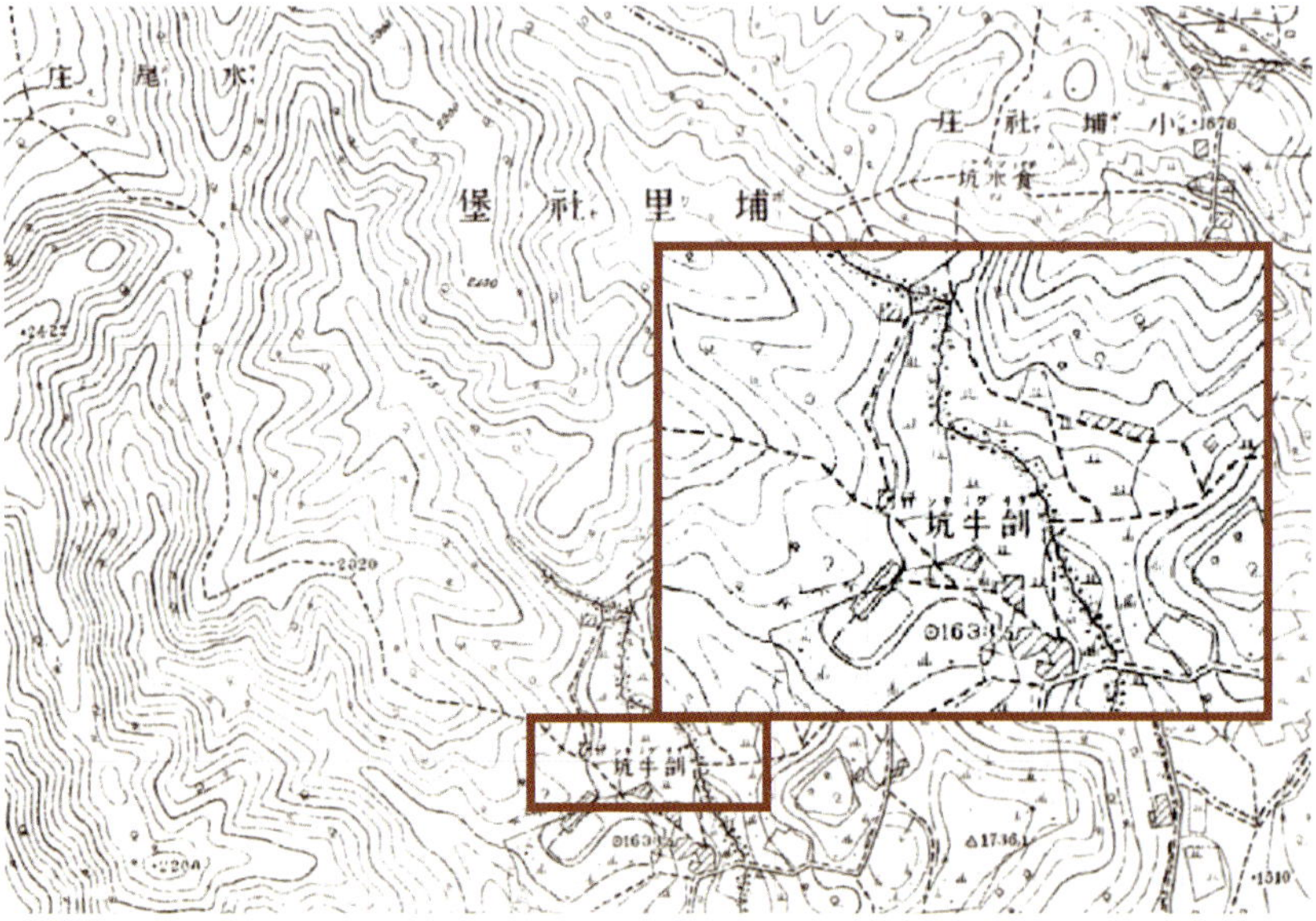

『台湾堡図』（1898-1904年）にすでに「刣牛坑」という地名が見える

た残りはいくばくもいなかった。さらにこそ泥が盗み取り、その元締めが隠す。夜半に連れてきた牛を盗品と知りながら安く買い取り、屠って肉にしては公然と売りさばく。これにより屠畜を営むものが利益を得、こそ泥は売り先を得て証拠を消してしまう」

清代の文献によれば十九世紀の後半、彰化の員林や鹿港でもひそかに牛の屠畜が行われた記録がある。「各地の平民は長年にわたって牛をひそかに屠畜してきた」、「ひそかに二十五頭の耕牛を屠畜し各村に売って食べた」、「台湾の耕牛は、山で放牧されるので匪賊がそれを捕らえて屠畜してしまうこと数百にも及んだ。牛の肉で干し肉を作って持ち歩くのである」といった具合だ。◆注／1

清代の『澎湖紀略』（一七六七年）や『海東札記《かいとうさっき》』（一七七二年）には、ウミガメを捕まえる記述が見える。ウミガメが浜辺に産卵に来るのを待ちかまえ「追いかけて捕まえる。動きが速いのでみなでその背をひっくり返し、もとに戻らぬよう石で周囲を押さえておき、次の日の朝に担いで帰ってさばくのである。重いものは二百斤、軽いものでも数十斤ある。塩漬けにしてこれを食べると、味は牛肉に似て価格も同じくらいである」とある。なんと当時から牛肉は食べられていただけでなく、ウミガメの肉も牛の肉同様に売られていたのである。オランダ統治時代と鄭氏統治時代、台湾から中国に売られる肉の加工品は、鹿の干し肉を中心としていたが、牛の皮と牛の干し肉もあった。これらからすると、台湾では長らく牛肉が食べられていたものの、その歴史が隠され語られてこなかったのだという推測が成り立つのである。

◆1　台湾巡撫邵友濂が、キリスト教徒張鳳が違法屠畜の嫌疑をかけられた事件を調査解明し、キリスト教会を保護した過程については、中央研究院近代史研究所『教務教案檔』第五輯、光緒十八年（一八八八年）十月六日に詳しい。

台湾人の牛肉嗜好の始まり

日本統治時代の初期、日本人官僚佐倉孫三《さくらまごぞう》が台湾在任期間に漢文で書いた『台風雑記《たいふうざっき》』（一九〇三年）にはこのようにある。

「台湾人は獣肉を好むが、牛肉を好まぬ。いや好まぬというよりは、そこにはっきりした理屈があるのである。牛というものは人の代わりに田畑を耕すものであり、かつまた孔子の教えでは神を祀るのに牛を犠牲にするものであるから、それを憚って食わぬのだという。しかしふしぎなのは老牛を捨てるものがいないことである。孟子に、獣の屠られる声を聞けばその肉を食べるに忍びなくなることから、君子は包厨を遠ざくとあるが、これもおそらくはそれに近いのであろう」。佐倉孫三はこれに対して、年老いた牛は別のものに渡して処理させているのだろうと推測している。

しかしこんな想像もできるだろう。農夫はふつう牛を殺して肉を食うことはしないが、もし牛をひそかに屠畜するものが、老いたり病んだりした牛を買い取ろうと申し出たら、農夫がそれを断ることなどありうる

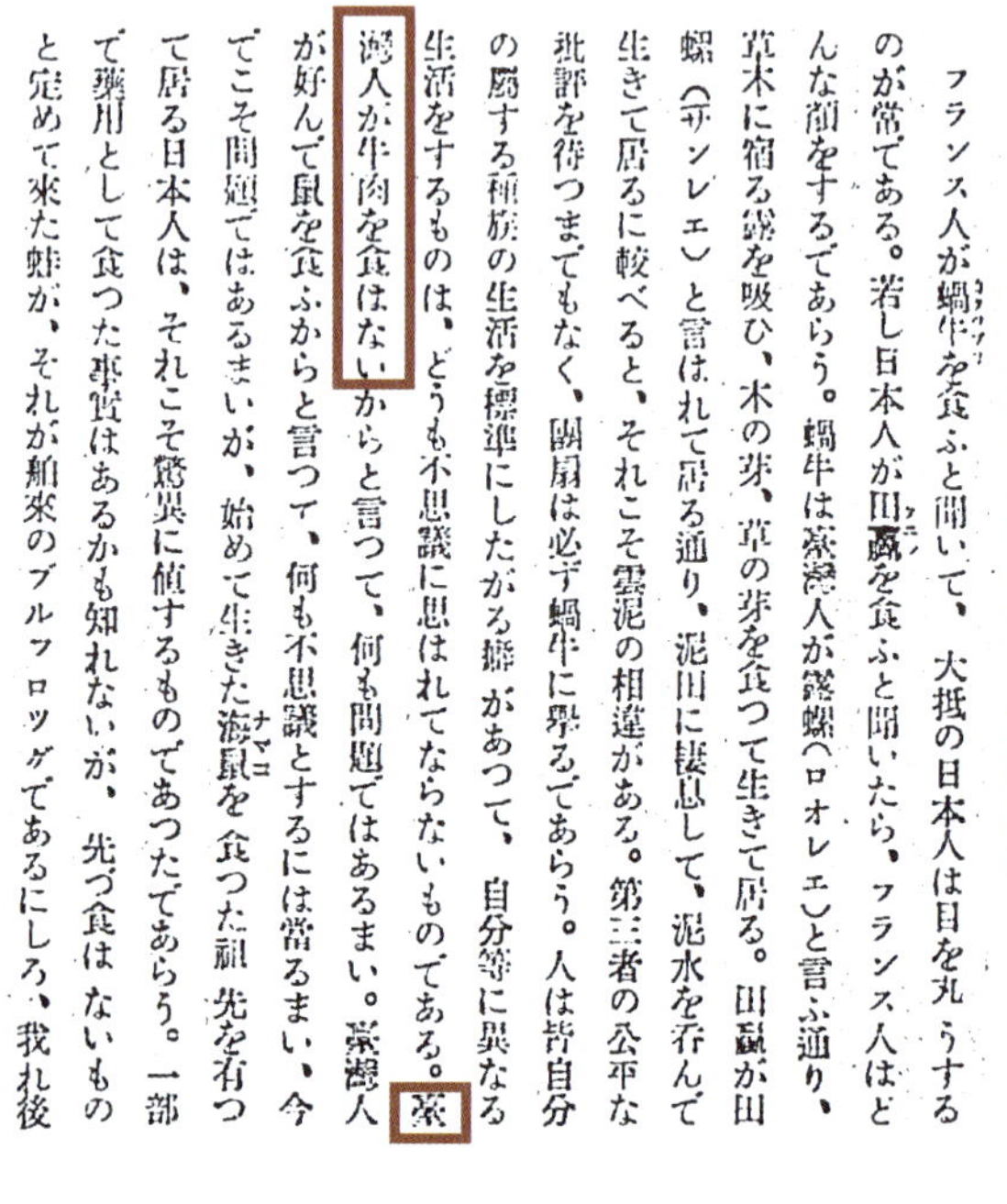
八七　臺灣人は牛肉を食はない

フランス人が蝸牛を食ふと聞いて、大抵の日本人は目を丸うするのが常である。若し日本人が田鼠を食ふと聞いたら、フランス人はどんな顔をするであらう。蝸牛は臺灣人が露螺（ロオレエ）と言ふ通り、草木に宿る露を吸ひ、木の芽、草の芽を食つて生きて居る。田鼠が田螺（ザンレエ）と言はれて居る通り、泥田に棲息して、泥水を呑んで生きて居るに較べると、それこそ雲泥の相違がある。第三者の公平な批評を待つまでもなく、贔屓は必ず蝸牛に歸るであらう。人は皆自分の屬する種族の生活を標準にしたがる癖があつて、自分等に異なる生活をするものは、どうも不思議に思はれてならないものである。臺灣人が牛肉を食はないからと言つて、何も問題ではあるまい。臺灣人が好んで鼠を食ふからと言つて、何も不思議とするには當るまい、今でこそ問題ではあるまいが、始めて生きた海鼠《ナマコ》を食つた祖先を有つて居る日本人は、それこそ驚異に値するものであつたであらう。一部で藥用として食つた事實はあるかも知れないが、先づ食はないものと定めて來た蛙が、それが舶來のブルフロッグであるにしろ、我れ後

『台湾民族性百談』の台湾人に牛肉を食べる習慣がないことに触れた部分

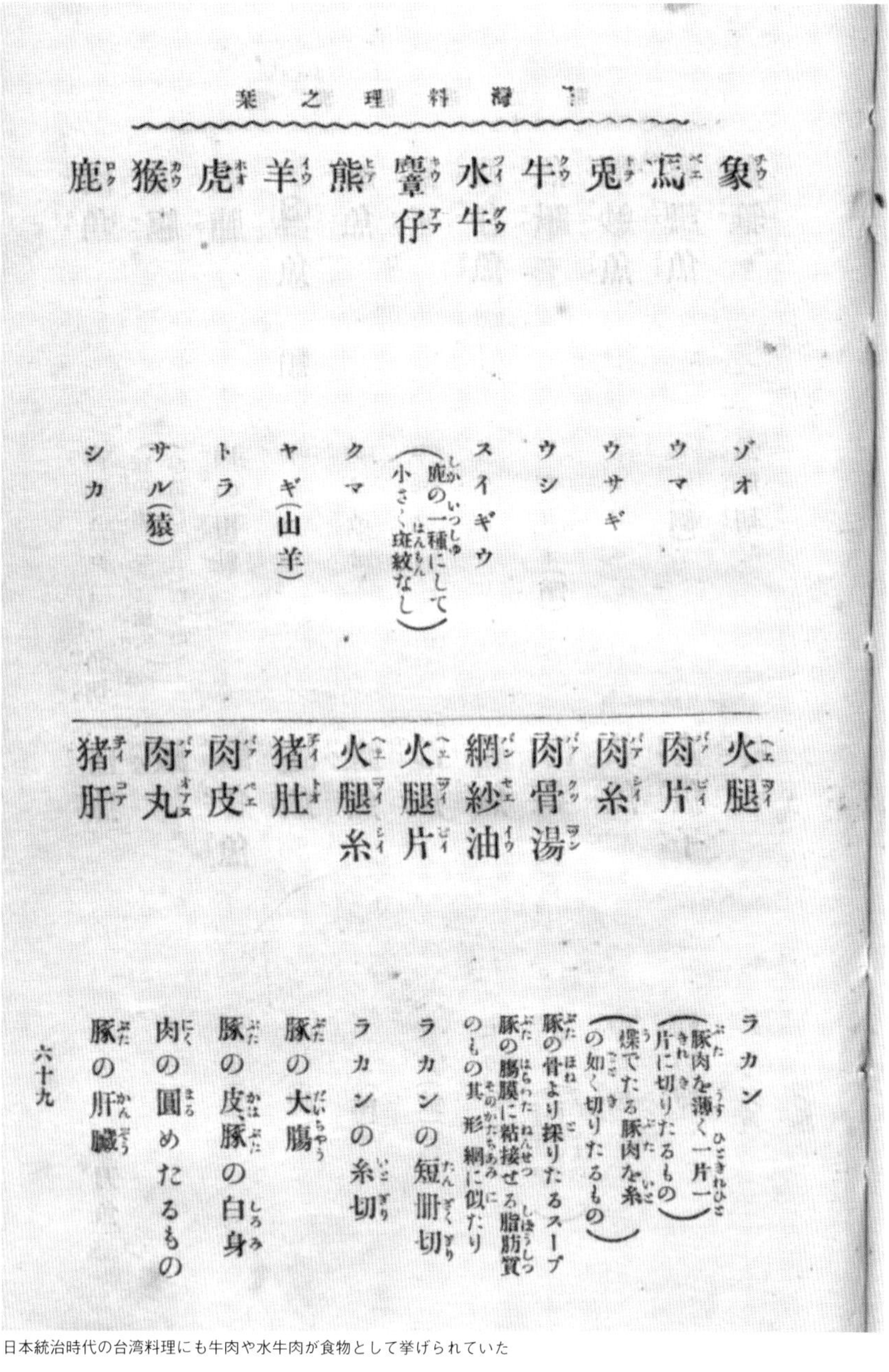

臺灣料理之栞

象《ツウ》　ゾオ
馬《ベエ》　ウマ
兎《トオ》　ウサギ
牛《グウ》　ウシ
水《ツイ》牛《グウ》　スイギウ
麞《キウ》仔《アア》　(鹿《しか》の一種《いつしゆ》にして小さく斑紋《はんもん》なし)
熊《ヒア》　クマ
羊《イウ》　ヤギ(山羊)
虎《ホオ》　トラ
猴《カウ》　サル(猿)
鹿《ロク》　シカ

火《ヘエ》腿《ツイ》　ラカン
肉《バア》片《ピイ》　(豚《ぶた》肉を薄《うす》く一片《ひときれ》一片《ひときれ》に切りたるもの)
肉《バア》糸《シイ》　(煠《う》でたる豚《ぶた》肉を糸《いと》の如く切りたるもの)
肉《バア》骨《クツ》湯《ツン》　豚《ぶた》の骨《ほね》より採《と》りたるスープ
網《バン》紗《セエ》油《イウ》　豚《ぶた》の腸膜《はらわた》に粘接《ねんせつ》せる脂肪質《しぼうしつ》のもの其形《そのかたち》網《あみ》に似たり
火《ヘエ》腿《ツイ》片《ピイ》　ラカンの短册切《たんざくぎり》
火《ヘエ》腿《ツイ》糸《シイ》　ラカンの糸切《いとぎり》
猪《ツイ》肚《トオ》　豚《ぶた》の大腸《だいちやう》
肉《バア》皮《ペエ》　豚《ぶた》の皮《かは》、豚《ぶた》の白身《しろみ》
肉《バア》丸《オアヌ》　肉《にく》の圓《まる》めたるもの
猪《ツイ》肝《コア》　豚《ぶた》の肝臓《かんざう》

六十九

日本統治時代の台湾料理にも牛肉や水牛肉が食物として挙げられていた

(31)

黄牛肉の軟化調理法に就て

衣糧科　宮本雇員

炎暑も漸次秋冷と相變りました。朝夕が冷え冷えこいたしますと自然牛肉の鋤燒の話も出て來ます。そんな譯で牛肉の話題も相應しいものと存じまして黄牛肉の軟化調理法に就て若干申述べてみたいこ存じます。

御承知の様に牛肉も種々雜多の種類がありますが、本島こして一番關係のある、そして我々が一番口にする黄牛肉は硬い硬いこ衆人の申す處でありますが其原因は氣候又は飼育の關係上水分の多いこと、老牛で榮養不良なるものを屠殺するためではないかと思考されます。然し此の硬質肉も調理法に依つて或は軟食し得るのではないかとの懸念から上司の命によりまして之の試驗調理法を試みました結果左記の點が軟化調理法の重點かこ存じますので皆様方の御參考迄に掲載すること〻致しました。

左記

一、屠殺後の貯藏日數

總て動物性食品は死後直に喫食するよりも或る一定の經過後調理致しました方が軟いこ云ふ事は既に御存知の事と思ひますが殊に牛肉に就ては之が最も大切な事であります。

今回の實驗に依りますと死後四日乃至七日迄の肉が最良こ確認致します。貯藏法と致しましては大概は納入者の方で施

黄牛の肉は日本統治時代の台湾軍（日本軍）の軍中の食料にもなっていた

だろうか？　貧しい時代に、おそらく大多数の農夫がそれを断ることはなかっただろう。

上の年代の人々のこんな言葉を思い出す人もいる。農夫は自分で牛肉を食べることはなかったが、牛が年を取ると売ることはあった。牛買いが牛を牽いていくとき、牛は涙を流すのだ、と。

近代以前における社会の現実的な面から見ると、牛皮・牛脂・牛肉はどれも人々の暮らしにとって重要であり不可欠とさえいえるものだった。たとえば牛の皮革で箱を作り、牛脂からはロウソクを作り、また硫黄鉱石から硫黄を分離するのにも使う、とそれぞれ用途があったために牛の屠畜業も存在していたのだ。

日本統治時代に日本籍の教師山根勇蔵《やまねゆうぞう》が日本語で出版した『台湾民族性百談』（一九三〇年）には「台湾人の牛の使用ぶり」について書かれている。農夫はふつう二頭の牛を連れて田んぼにやってきて一頭が耕しているあいだもう一頭はあぜで草を食んでいる。農夫は働いているほうの牛が疲れて動かなくなると、「内地（日本）」で見られるようにむりやり鞭打って働かせようとせず、「よし来た、それなら我も一休み」として、それでも動かないとなると、犂を下ろして、もう一頭に働かせるのだと。

こうした描写はなかなか感動的で、農夫が耕牛をかわいがっていたのもほんとうなのだろう。しかし、もしここから農夫が年を取って働けなくなった牛に天寿を全うさせていた、と想像するなら、それはあまりに美化された伝説と言わざるをえまい。

ちなみに山根勇蔵はこの記述の後に、台湾人は耕牛の肉は食わないが「内地移入の神戸肉」ならしばしば食べる、と書いている。

て居ないであらうか。今日の臺灣人は、耕牛や水牛の肉こそは食はないが、内地移入の神戸肉ならば、態々牛肉料理店に出掛けて行つて、好食々々と盛に食つて居るのを、屢々見受けることがある。此うなると、臺灣人が牛肉を食はないと言ふのも、少々をかしなものである。

山根勇蔵『台湾民族性百談』（1930年）の一部

台湾農業社会と耕牛の関係は密接であり、日本統治時代の彫刻家、黄土水には「水牛群像」という有名な作品があるし、戦後になって耕牛に取って代わった耕耘機は「鉄牛」と呼ばれた。しかし以前には台湾では牛肉を食べる人はいたもののやはり多くはなく、現在でも年配の人の中には牛肉を食べない人がいる。

では台湾で牛肉を一般的に食べるようになったのはいつごろからなのだろうか？　日本統治時代の台湾にはすでに西洋料理店があり、メニューにはステーキ・ビーフシチュー・ビーフコンソメなどが載っていた。しかし当時流行りの高級な西洋料理は、ふつうの人々の口には入らなかった。

戦後、紅焼牛肉麵が現れた当初は、安価とはいえなかったものの、安い牛肉湯麵も出てきて、じょじょに台湾人の中に牛肉を食べる気風が生まれていったのである。

台湾における鶏肉の歴史

台湾における鶏肉食の一ページ目は、鶏を食べない原住民族たちから始まった。

鶏の尾羽だけを好んだ原住民族たち

陳第『東番記《とうばんき》』（一六〇三年）には当時の台湾の原住民族の習俗についてこのような記述がある。

「鹿を好んで食べ、その腸を開いて飲みこんだばかりでまだ糞になっていない草を、百草膏と呼んでうまいうまいと飽かずに食らう。華人はそれを見ると吐き気をもよおす。豚は食っても鶏は食わず、鶏を飼っては成長するに任せ、尾羽だけを旗の飾りに使う。雉を射ても、やはりその尾羽を採るだけである。華人が鶏や雉を食べるのを見るとかえって吐き気をもよおす。さて、どちらが本当の味を知っているといえようか。『孟子』に人の口は味に対して同じ好みがある、とあるが、そんなことは決してないのだ」

一六〇三年の冬、明の将軍沈有容が兵を率いて東番（台湾）に隠れた海賊を討伐したさい、福建連江の文人であった陳第も軍に従って進んだ。沈有容の艦隊が大員（今の台南安平）に停泊すると、陳第はその地の原住民族の風土や風俗をじっさいに観察した。陳第は郷里に帰った後に、みずから目にした台湾西南沿海部の原住民族の生活と、沈有容が海賊を追撃するために人員を台湾各地に派遣して集めた情報をも参照し、千五百字の『東番記』を執筆した。これが台湾の原住民族の習俗に関する中国語の最初の文献となった。陳第は華人と原住民族を平等な目で見て、その嗜好の違いについて述べている。

オランダ統治時代（一六二四年から一六六二年）のオランダ語文献も、台湾の原住民族が鶏を食べないこと

について触れている。◆注／1

またその文献では、原住民族と華人はオランダ人に食用として鶏を提供し、華人も澎湖諸島や中国の沿海部から竹製の鶏籠に鶏を入れ台湾に運んでいる、という記述がある。

清の康熙年間の黄叔璥『台海使槎録《たいかいしさろく》』（一七二二年から一七二四年）には「瑯嶠十八社」（恒春半島）の原住民族についてこのような記述がある。

「日に三度食事をする。鶏は食べない。伝説では、紅毛人がかれら生番を殺そうとしたので、生番は避けて隠れたが、紅毛人は鶏の声を頼りに居場所をつきとめ、追いつめて殺していった。生番は鶏を不可思議な力を持つものとして食べなくなった」。この「瑯嶠十八社」の原住民族はパイワン族である。◆注／2

しかし、台湾の原住民族にはたいへん多くの部族があるので、そのすべてが鶏を食べないか、というと、これは一概に言えないのではあるまいか。

著者が台湾の古道探索の専門家であり自然文学の作家でもある徐如林に尋ねたところ、徐如林の考えとしては、関連の古文献や伝説に台湾の原住民族が鶏を食べないと書くのは、観察がじゅうぶん行き届いていなかったことによる誤解の可能性があるという。一部の原住民族が鶏を飼う目的が主にその美しい尾羽を装飾に使うことであったために、必要のない時には鶏を殺さなかったというだけで、彼らはミカドキジやサンケイも羽毛は必ずとっておくにせよ、獲れば例外なく食べるのだから、と。

台湾の鶏肉を好まなかった清代の官僚たち

台湾の華人は養鶏もし、鶏肉を食べてきたし、オランダ統治時代には澎湖からたえず鶏をオランダ人に供給してきたが、清代に台湾に渡った官僚たちは台湾の鶏を好まなかった。

清の康熙年間の周鍾瑄『諸羅県志』（一七一七年）には次のようにある。周鍾瑄は台湾府諸羅県の知事に任じられた人物で、祖籍は江西にあり貴州の出身であった。

「往々にして内地では、台湾で肉を食べるさいには豚や鶏は良くなく、羊は良く、アヒルもやや良いと聞いていた。私はそれを信じていなかったが、台湾に着いてから、庭園の植物に虫が言葉にできぬほど群がり、鶏たちがそれをついばんで肥え太るのを見た。おそらくは鶏に虫の毒が蓄えられるためあまり多く食べないほうがよいというのだろう。アヒルは半ばは水ぎわにいて、魚やエビを食べるからやや良い。『本草』にも羊は人の体にもっとも有益だとあるが、さらに台湾では草がさかんに生えており肥えやすいから良いのだ。豚は脂が多く食べると気を滞らせやすい。台湾は湿気が多く、人はしばしば体に水気を溜めこみ脚のむくみを病みやすい。それでこれもあまり食べない方がよいというのだろう」

しかし、現代の目から見ると、虫を食べている放し飼いの鶏といえば今では土鶏や放山鶏といってブランド視されているもので、「有機飼料」を与えるよりも自然で健康だ！　となりそうだ。

むかしの台湾人にとって、鶏は体に滋養を補うだいじな「補品」で、とくに独特の米酒と、上等のゴマ油を加えて作った「麻油鶏」は、台湾飲食文化の特色を表すものであり、また台湾の伝統的な出産にまつわる習俗

◆1　江樹生訳注『ゼーランディア城日誌』第二冊、三十二ページ。

◆2　恒春半島南端にあたる墾丁国家森林遊楽区の社頂集落は、昔は「亀仔角（クウアルッ）」と呼ばれていた。報道では、この地のパイワン族の長老は今もなお「鶏を飼わず、まして鶏の肉は食わない」という祖訓を覚えているとのことだ。のちに鶏肉を食べるようにはなったが、毎年七、八月におこなう豊年祭には鶏を用いた祭祀をすることはないという。

にとってだいじな食物でもあった。

台湾語にこんなことわざがある。「年のはじめにひよこを飼えば、産後の肥立ちに憂いなし」。妊娠が分かってすぐ鶏を飼い始めると、「做月子」と呼ばれる産後の養生のときに麻油鶏を食べて栄養を補える、というのだ。また母親は赤ん坊を産んでまるひと月の「満月」を迎えたとき、青少年は十六歳の年の「転大人」のさいにも麻油鶏を食べる習俗がある。

また台湾語では「鶏」と「家」を同音で読むことがあるため、他にも「鶏を食らわば、家を起こす」ということわざもある。そのため鶏は家族の集まりの食事や結婚の祝いの席、栄転や引っ越し祝いでも食べられる縁起のいい食べものとされている。

鶏と卵と日本人

日本統治時代（一八九五年から一九四五年）には、すでに明治天皇が一八七〇年代に肉食への禁令を解いた後であったが、そうでなければ台湾人の肉の食べかたにも影響があったかもしれない。

日本に仏教が伝来したのは中国における南北朝時代で、その

1939年、台北の永楽町市場で鶏が売られる様子

後、唐代にあたるころに日本は国家として仏教を尊崇するようになった。天武天皇は六七五年に漁法の制限と牛・馬・犬・猿・鶏の屠畜を禁止し、狩りで得た獣や鳥のみ食べることを許した。これは一時的なものであったが、その後も家畜の殺生への禁令が出され、民間ではふつう家畜の肉は食べなかった。ただしその中でも鶏肉は許され、卵はとくに好まれてきた。

明治維新（一八六八年）後の西洋化は、西洋の飲食習慣を取り入れることにも及んでいたため、明治天皇は民衆に肉食を奨励し、一八七一年に肉食解禁令を出した。それ以降、肉食は日本の飲食文化における重要な部分となっている。

今日では「日本和牛」は世界でもトップクラスの牛肉とされているし、日本式の焼き鳥（英語でもYakitoriと呼ばれる）、日本式の唐揚げ（英語でKaraage）も人気となっている。

台湾式フライドチキン「ジーパイ」

戦後、台湾では経済の発展にしたがって、人々の暮らしは豊かになり、鶏肉は徐々に日常的な食物になった。白切鶏・塩水鶏・燻燻鶏・桶仔鶏・甕仔鶏などはどこでも見られるし、郊外には土鶏城と呼ばれる鶏料理の専門店も現れた。

炸鶏排は今では台湾を代表する小吃の一つで、とくに若者から人気があるが、その歴史は決して長くない。おおよそ一九九〇年代の末期から流行し始め、台湾小吃市場における奇跡とさえ呼べよう。

台湾では一九七〇年代に現地風味のフライドチキンである「塩酥鶏」と、国際的なブランドであるケンタッキーフライドチキンをまねた「頂呱呱」が登場した。一九八四年にはマクドナルドに続いてケンタッキーも台湾に上陸し、台湾におけるフライドチキン市場に君臨し始めた。

それから十数年後、台湾で炸鶏排が登場した。炸鶏排に使うのは鶏のむね肉で、台湾人は従来それほど好きな部位ではなかったが、炸鶏排の屋台には対応力があり、種類もフレーバーも新たなものを打ち出したので、大通りから路地裏、夜市までを席巻し「台湾式ジーパイ」の名を轟かせるようになったのである。

台湾における鶏排は最初は揚げて、塩酥鶏と同じく胡椒やトウガラシの粉をまぶしていたが、後には青のりやマスタードなどの風味や、ハニーフレーバーやチーズ入り、厚切りジューシー鶏排なども加わった。また調理法も油で揚げたものから、炭火焼きやオーブン焼きも出てきた。鶏排自体もサイズの大きさを強調したものや、もも肉を使って「鶏腿排」を名乗るものも現れた。

メディアが伝えるところによれば、養鶏業者の計算では、台湾には大小合わせて数万軒の鶏排の小店や屋台があり、毎日平均して合計二十五万枚もの鶏排が調理されているという。一枚二センチの厚さとして計算すると、積み上げれば五千メートル、高さは台北一〇一の十倍となる。販売量はケンタッキーをはるかに上回り、今では海外市場にも打って出ようとしている。

今日、台湾式の鶏排にはさまざまな名前が付けられている。その中にある「豪大大鶏排」「比臉大鶏排」「轟炸鶏排」「爆漿鶏排」「悪魔鶏排」「狂爆鶏排」といった変わった名称からは、台湾小吃の飽くなき創造への活力を見て取ることができよう。

豚レバー史話

「猪肝」すなわち豚のレバーは台湾で神秘的な食物とされ、かつては非常に高価な「補品」で、ふつうの人の口には入らないほど高かった。しかし後には抗生物質の残留とコレステロールの高さが健康に悪影響があるのではないかと心配され、価格が一気に落ちこんだ。それでもその美味はやはり垂涎の的であり続け、結果として庶民のごちそうとなったのである。

台湾語に「意地の汚い犬が豚の肝の骨を食べたがる」ということわざがある。中国語でいう「ガマが白鳥の肉を食いたがる」と同じく、身分に合わないかなわぬ願いを抱くことを言ったものだ。まして豚のレバーの中には骨などないのだから、もともと不可能な事なのだ。ここからしても、かつての人々にとっての豚レバーの地位の高さが分かろうというものだ。豚レバーは台湾では色の名前にも用いられ、台湾語にも客家語にも「猪肝色」という言葉があり、暗紅色、紅褐色を指す。

滋養食としての豚レバー

台湾の原住民族は狩りをして鹿や猪を獲る。豚を食べるときも鹿を食べるのと同様に、肉もレバーも食べる。またレバーは塩漬けにして、滋養をつけるのに用いてきた。

オランダ人の『ゼーランディア城日誌』に料理についての記述はそれほど多くないが、当時は豚を屠畜するさいに税を納めなければならなかったため、豚を屠畜して肉を売った記録が残っており、そこから当時も肝臓などの内臓を食べていたことが分かる。

中国医学では猪肝は「食用にも薬用にも使える」食品であった。唐代の有名な薬学者である孫思邈の著した『備急千金要方《びきゅうせんきんようほう》』には、「猪肝丸」という丸薬の処方が載っている。豚のレバーとその他の薬材をすりつぶし、蜜を入れて練って丸薬にしたもので、おもに「腹下しに効く」とある。

宋代の医学薬学者王懐隠は皇帝の命を受けて『太平聖恵方《たいへいせいけいほう》』を編纂した。そこにも「猪肝丸」の処方があり、レバーをよく煮てすりつぶし、その他の薬材と合わせて丸薬にするとある。おもに「腹下しの後に脾胃が弱って食欲がなくなり、体に力が入らなくなる」症状に効くという。

日本統治時代、台湾でよく知られた月刊の中国医学雑誌『漢文皇漢医界』もレバーの効用に触れており、目の病を治すとある。◆注/1

その他、日本人が記載した台湾料理の中にも、食材としての豚レバーにふれたものがあり、「十錦火膏」（什錦火鍋）の具に豚レバーが見える。

高価だった豚レバー

ある時期まで豚レバーは栄養豊富で鉄分も多いことから補血に効くと尊ばれ、価格は手が届かないほど高かった。多くの人にとっては入院し手術を受けるさいや、女性であれば産後の倣月子の時期だけにようやく買えるものだったのである。そのころは

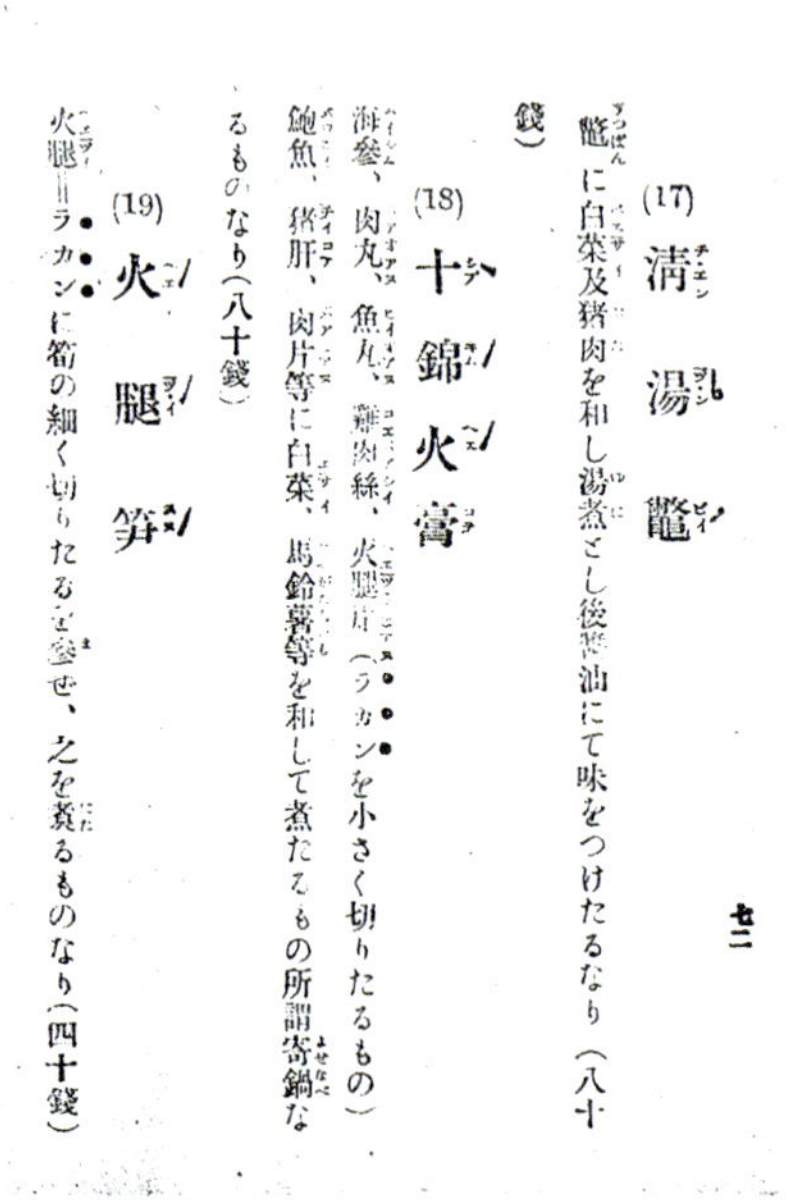
七二

(17) 清湯鼈

鼈《すつぽん》に白菜及猪肉を和し湯《ゆ》煮《に》さし後醬油にて味をつけたるなり（八十錢）

(18) 十錦火膏

海參、肉丸、魚丸、雞肉絲、火腿片（ラカンを小さく切りたるもの）鮑魚、猪肝、肉片等に白菜、馬鈴薯等を和して煮たるもの所謂寄鍋《よせなべ》なるものなり（八十錢）

(19) 火腿筍

火腿＝ラカンに筍の細く切りたるを參《ま》ぜ、之を煮るものなり（四十錢）

『会話参考台湾名詞集附台湾料理法』より。「什錦火膏」に豚レバーが入ると書かれている

しばしば病院の見舞いの品に豚レバーのスープが使われたものだ。一九七〇年代以降に生まれた人には当時の豚レバーの価格は分かるまい。豚肉よりもずっと高いだけでなく、ふつうの肉が一斤ごとの値段がつけられているのに対して、豚レバーはその十分の一である「両」で量り売りされていたほどだ。

そのころ豚のレバーは一斤二百四十元で売られていたが、数十年のインフレを経過した後の現在でさえ、豚肉は一斤百数十元に過ぎない。インターネット上である人が回想していたが、そのころ新任の教員の給料が、月あたり七百元がやっとのところに、豚レバーの塩漬けや煮こみを一頭分買おうとすると三〇〇元もしたという。

当時の「肉砧《バァディアム》」、すなわち豚肉を商う小店では、一頭分の豚レバーがあると（一頭分のレバーは大きく二つに分かれており、合わせて三、四斤はあった）たいてい片方はレストランか麺屋に予約されてしまい、もう一頭分が小売りになる。客は何両くれと細かく買うが、それでも買えないことがあるほど人気だったのだ。

台湾語の教師、李恒徳が当時を思い出して語ってくれた。

「私が小さいころだから、およそ六十年ほど前のことだ。街角の豚肉店で扱う豚レバーは、その大部分が麺屋に買われ、小売りのほうが少なかった。そのわずかな小売り分にも固定客がついていた。ふつうの客は買う前に予約しておかないといけなかった。それを知らずにある客が店頭にまだ豚レバーがあるのを見て買おうとしたが、店の主人は許さず、これは『警察の何某』さまのためのお取り置きだという。その警官の奥さまがちょくちょく来ては、毎回三元も出して買っていくのだと。」

◆1　昭和五年（一九三〇年）三月二十日発行号。この月刊雑誌は東洋医道会台湾支部が一九二八年に創刊したもの。一九三五年に『東西医薬報』と改名した。

台湾優良農産品発展協会顧問の劉兆宏はこのように回想する。

「私の兄が兵役で金門島にいたころ（一九七二年から一九七三年）、ある時師長が朝礼の訓話のさい、腹を立てていうには、師長の奥様が朝に市場に行ったところ、豚レバーが売り切れていた。そこで肉屋の主人に尋ねると、おまえたち亀児子（助平）どもが八三一の小姐たちの気を惹こうとすっかり買い占めたというではないか。」◆注／2

南台湾にはこんな台湾語のことわざがある。「豚のレバーをきっぱり五角ぶん」。きっぱり、ためらいなくという意味の「残残《ツァンツァン》」という言葉が使われている。豚のレバーはたいへん高いので、まずは買うと決めてからのことだ、後のことは考えずにやってみる、という比喩なのだが、この言葉には少々矛盾がある。豚レバーがそんなに高いなら、たった五角ぶんだけどうやって切らせたものか？　この言葉がどこから来たかというと、こんな話がある。むかし台湾に金持ちだがけちんぼうの商人がいた。あるとき市場を通りがかると、肉屋がわざと「そんなに金があってもケチりたくなるものかねえ」と声をかけた。金持ちが返した言葉は「なんだと、それなら、豚のレバーをきっぱり――五角ぶん」。金持ちがけちの本領を発揮したというわけで、そこからそんなけちでもどうしても豚レバーを食べたいという笑い話になったのだと。

豚レバーは栄養が高いだけでなく、多くの人に好まれる美味であるので、さまざまな豚レバーを使った料理が生まれた。補品としての姜糸猪肝湯、麻油猪肝湯のほか、煎り焼き、炒め、蒸し物、醤油煮こみなどさまざまだ。

「胆肝《タアコア》」は昔から宜蘭の名産で、豚レバーを塩漬け、燻製、乾燥させて作る。客家人はこうした塩漬けの食品を作るのがうまいので、「客家猪胆肝」とも呼ばれる。

昔からある高級料理店や宴席で出される料理に「肝燉《コアトゥン》」というものがある。これは台湾語で「肝」と「官」が同音であることから縁起をかついだ料理名だ。肝燉は豚のレバーと脂身、くわいに豆腐、卵などの食材を刻んで混ぜて鉢の中に入れ、弱火で蒸し煮にし、深皿に逆さにあけて盛りつける。香り高くやわらかく、たいへん人気があった。

基隆には豚レバーと豚肉で作った「猪肝腸」というソーセージを売る老舗があり、今でも繁盛している。当時、基隆の紅糟肉円にもレバーが加えられていたし、基隆の廟口にある有名な炭焼きサンドイッチ炭烤三明治の具にも豚レバーがあった。

猪肝腸

豚レバー人気の衰退

豚レバーの台湾料理における地位は、およそ一九八〇年代に最高になりその後落ちていったが、その原因はおもに二つある。第一に、養豚に抗生物質が使われるようになり、とくに肝臓は薬品を分解する器官であることから、抗生物質が肝臓に残留してガンを引き起こすのではと疑われた。それがメディアに報道され人々

◆2 「八三一」とは国防部が一九五二年から一九九〇年まで金門に設けていた軍人用の娼館のこと。軍による正式名称は「軍中特約茶室」で、他にも俗に「八三么」、「軍中楽園」などと呼ばれた。当時は台湾本島にもこうした娼館があったが、一九九二年に廃止された。

が心配するようになってしまった。

第二に、レバーはコレステロールの含有量が高く、当時の健康情報ではコレステロールを過度に摂取してはいけないと言われていた。この影響でレバーを避けるようになった人も多かった。

この二つの相乗効果で豚レバーの価格は下落し、豚肉よりもぐっと安くなっただけでなく、人気も衰えてしまった。ついには豚肉店の多くが肉を買った客にレバーをおまけにつけるようにさえなった。レバーが高価な食材でなくなると、さまざまな小吃や料理もレバーを使わなくなり、「肝燉」などはほとんど宴席から消え去ってしまった。

しかし、やはり豚レバーにはその美味を懐かしむ人も多く、小吃の屋台では猪肝湯や猪肝麵も非常に安い価格で売られるようになった。

一九九〇年代、こんなことがあったのを今でもよく覚えている。著者が友人たちとある方の長寿のお祝いにと西洋料理店を予約したさい、その祝われるご当人が、店に向かう途中で猪肝麵の小店の前を通りかかると、懐かしの味に思わず引き寄せられ、わざわざ先に一杯食べてから西洋料理店に現れたのだ。

豚レバーの復活

二〇一〇年代以降、豚レバーは起死回生を果たした。その原因についても二つを挙げておこう。第一に台湾の養豚家たちが注射や投薬に頼らない「健康豚」や、上質な飼料と自然ゆたかな環境で育てたブランド豚を作り出し、豚レバーの抗生物質残留への疑念が弱まったこと。

第二に、さまざまな研究が飲食物中のコレステロールの含有量は血液中のコレステロール濃度に決して顕著しい影響があるわけではない、と指摘したことだ。そのためアメリカのダイエタリー・ガイドラインでもコレステロールの摂取量を制限しなくなった。そのため、豚レバーに恐れおののく人が以前より少なくなったのである。

今日では、栄養学者は適量の豚レバーを食べるのは問題ないと主張している。しかし、豚レバーを買うには良し悪しが分からないといけないのは確かだ。それぞれの豚のレバーには健康なものと不健康なものとがあり、豚肉の店が仕入れるレバーも毎日違うのだから。

豚肉店でレバーを売るとき、伝統的な専門用語では「柴肝《サアコア》」、「粉肝《フンコア》」の違いがある。「柴肝」は肝硬変を起こしていて色が黒っぽく、食感がぼそぼそしている。「粉肝」は脂肪の含有量が正常かやや多い健康なレバーで、色が薄めで食べるとねっとりしているものをいう。◆注／3

◆3　日本統治時代の『台日大辞典』（一九三二年）には「柴肝」、「粉肝」が収録されている。台湾語で「粉」は肉質が軟らかく色が淡いことを指す。

滷肉飯とその仲間たち

台湾人が発明した滷肉飯は、豚の皮と脂の部分を煮こんだ庶民のごちそうだ。ありふれた食材から神秘的なまでの美味を作り出したことこそは、台湾飲食文化の知恵と言えるだろう。

滷肉飯とその仲間たち、焢肉飯・知高飯・猪脚飯などは、十分なうまさと栄養の高さを兼ね備え、心をあたため胃を満足させてくれ、台湾人が生活に向ける情熱と仕事にかけるエネルギーをもたらしてくれている。

滷肉飯

滷肉飯《ロォバァブン》は「魯肉飯」とも書く。「魯」の字のせいで滷肉飯が山東に由来するという誤解を防ぐため、正しく「滷」と書くよう唱えられてはいるものの、民間ではすでに一般化されてしまっていることから納得もされず、台湾最大のブランドは今でも「鬍鬚張魯肉飯」と称している。

実のところ「滷」の字じたいも「鹵」の字に由来する。『説文解字《せつもんかいじ》』には「鹵」の字しか取られておらず、清代の『康熙字典《こうきじてん》』は『広韻』を引いて「滷」は「鹵」に同じ、と説く。近代以前の中国では「鹵」の字は「魯」に通じ、「魯鈍」の字を「鹵鈍」と書くこともあったが、あくまで別の字だ。人の苗字や周代の侯国の名、またそれに由来する山東省の別名としての「魯」と、意味の上では関係はない。◆注／1

台湾で滷肉飯が作られたのはいつごろなのだろうか？　清代および日本統治時代の閩南語辞典には醤油で豚肉を煮こんだ「鹵肉」は載っているが「鹵肉飯」はない。関連の文献にも飯と合わせる食べ方はあるが「滷肉飯」は記載されていないため、「滷肉飯」という単語は戦後になってからのものであるかもしれない。

滷肉飯の起源についてはこんな説がある。むかし貧しくて肉を買えない人が、豚肉店に頼んで肉を切り売って余った豚の皮と脂身、端肉をもらい、それを刻んで醬油で味つけし油葱酥といっしょに鍋で煮こみ、その汁をかけただけで飯がたいへん進んだのだ、と。たしかに、おそらく滷肉飯はもともと貧しい家庭の単純な料理であったものが、小吃の屋台や小店が改良して美味な滷肉飯を作り出し、戦後に小吃として発展したものと考えられる。

うまい滷肉飯を作るのに、必ずしも豚肉の高価な部位を使わなくてよい。しかし機械でミンチにするより手切りが良いのはもちろん、皮・脂・肉のバランスが取れているとなお良い。しかしもっとも重要なのは味加減と火加減で、とくに大事なのはゼラチン質に富んでいながら脂っこすぎないことだ。このように一見単純でありながら店ごとにうまさの秘訣があるからこそ、滷肉飯の名店が誕生したのだ。

ところで昔から滷肉飯の添え物として人気があるのが、さっぱりとして食欲をそそる黄色い大根の漬物だ。台湾語では「タクアン」と呼ばれる。もっとも今では使う店は少なくなってしまっているが。

タクアン

◆1　『台日大辞典』（一九三二年）、『廈英大辞典』（一八七三年）はどちらも「鹵（ロオ）」、「鹵肉（ロォバァ）」を収録する。「鹵肉」とは声調が異なる「鹵」は「豉」と同様に塩味をつける意味だが、「豉」ほどきつくなく、薄く塩味をつけることである。近世以前の中国では「鹵」は「魯」に通じ、「鹵莽」も「魯莽」と、「鹵鈍」も「魯鈍」と書いた。「鹵」はまた「虜」にも通じ、「鹵獲」は「虜獲」とも書いた。

「タクアン」は日本語に由来し、漢字では「沢庵」と書き、正式には「沢庵漬け」と呼ぶ。塩と米ぬかで大根を漬けた日本の伝統的な漬物で、伝承では江戸初期の臨済宗大徳寺の高僧、沢庵宗彭(一五七三−一六四六)が作ったものだという。沢庵禅師の名は吉川英治の小説『宮本武蔵』において武蔵を導く師として描かれたことから今でもよく知られている。

後にタクアンは塩・砂糖・酢で大根を漬け、ウコンかクチナシの実で黄色く染めるようになった。今では食用の黄色の色素を使うことも多い。タクアンの鮮やかな黄色、甘酸っぱい風味、カリカリとした食感は滷肉飯の最高のわき役だ。

ではなぜタクアンを使う滷肉飯の店が少なくなってしまったのだろうか? おそらくは人工の色素で染められ、防腐剤を使われた大根漬けを食べたがらない人が多くなったためだろう。ひどい人になると箸でつまんで床に捨てたりもしたので、店の悩みの種になった。後に政府は食用の色素について管理規定を設けるようにもなったのだが。

台湾を観光で訪れる日本人にも滷肉飯は人気がある。そして近年では、日本でも「台湾ルーロー飯」を名乗る食べものが見られるようになった。

二〇一六年、無印良品のレトルト食品に滷肉飯が登場し、包装には日本語のカタカナと漢字で「ルーロー飯」と書かれ、「Lurou Fan」とアルファベットが振られた上で、「台湾の屋台料理」と説明がついていた。

二〇一七年、ファミリーマートが「ルーロー飯おむすび」を発売した。

二〇二〇年には日本最大のコンビニエンスストアチェーン、セブン‐イレブンが「ルーロー飯弁当」を発売した。日本の母親たちが家で滷肉飯を作るようになり、YouTubeなどでもその作り方を見ることができる。

滷肉飯と肉燥飯、肉角飯は何が違う？

北部の「滷肉飯」と南部の「肉燥飯《バァソォブン》」の違いは単に名称にとどまらず、外観も違えば内容もまた異なる。

肉燥飯の「肉燥」はまた、台南担仔麺にのせられる、ひき肉をエビの頭と煮こんで作った「肉燥」とも違う。

滷肉飯の滷肉は一般的には豚の皮・脂・肉が入り、伝統的には手切りしたものだ。小さな角切りにすることもあるし、もっと細かくしたものもある。中には豚ばら肉を使って、皮・脂・肉をつなげて細切りにしたものこそ上等だと主張する人もいる。

肉燥飯の肉燥は皮と脂だけで赤身の部分の肉はほとんど入っておらず、比較的大きな角切りにされている。台南の肉燥飯ではとくに台湾語で「膩瓤《ジィヌン》」あるいは「肉瓤《バァヌン》」と呼ぶ豚の背の皮と脂を使う。価格は比較的安いが、分厚く「ＱＱ」としていてゼラチン質に富む。

また、赤小玉ねぎ「紅葱頭」を油で揚げた油葱酥は滷肉飯の魂とさえ呼べるだろうが、肉燥飯の中には紅葱頭を加えないものもある。

なお、台中には「肉角飯」と呼ばれるメニューがある。こちらは肉燥飯と比べると、皮、脂に加えて赤身の部分も入っている。

総じていえば、滷肉飯であろうと肉燥飯や肉角飯であろうと、また豚のどん

肉が角切りされている台南の肉燥飯

滷肉飯

な部位を使うとしても——高価な豚の皮付き首肉「松阪肉」（いわゆる豚トロ）を使うと称する店さえあるが——うまさのカギは全体から醸し出される味そのものだ。だからこそ、「江湖《ぎょうかい》の秘訣は女房子どもにも漏らせぬ」と言われるのである。じっさい、台湾人であれば誰の心にもこの一杯という滷肉飯があろうし、無理に比べていらぬいさかいを起こさなくてもよいだろう。

焢肉飯

焢肉飯《コンバァブン》は爌肉飯とも書くが、教育部発行の『台湾閩南語常用詞辞典』によると「炕肉飯」と書くのが正しい。台湾語の「炕《コン》」はとろ火で柔らかくなるまでゆっくり煮ることを指す。たとえば「炕肉」「炕菜」「炕番薯」といった具合だ。

彰化は焢肉飯で知られ、彰化県政府は「彰化焢肉飯節」を開催したこともあるほどだ。焢肉飯の肉はたいていはばら肉を使うが、「腿庫《ツイコォ》」つまり豚のもも肉を使う店もある。華語ではこれを「蹄膀《ティーパン》」と呼ぶ。腿庫はより正確には蹄膀の上がわの皮つきのもも肉を指す。

その肉を醤油・砂糖・米酒・香料で「炕」すると、焢肉飯が誕生するというわけだ。多くの店では、ばら肉を飯にかけるための煮汁の中でいっしょに煮こむ。こうすると白飯に先に滷肉の煮汁をかけ、その上に柔らかく煮こまれたばら肉をのせることになるので、滷肉飯と焢肉飯のいいところ取りになるわけだ。

知高飯

知高飯《ティコオプン》は焢肉飯と同様に、かたまり肉の加わった滷肉飯のことだ。しかしそれが豚のどの部位を使っているのかを知る人は少ない。なぜ「知《ティ》高《コオ》」という名前なのか、そしてなぜ「猪哥《ティコオ》」と同じ音なのだろうか？

この「知高」が「猪哥」を上品に書き換えた名前なのは確かだ。清代の『淡水庁志』（一八七一年）に、乾隆年間の清朝の支配に対する反乱、いわゆる林爽文事件（一七八七年）に関する記述があり、その中に「彰化猪哥荘」という地名が見える。当時の彰化は現在の台中も含んでおり、「猪哥荘」は今の台中市南屯区文山里の旧地名であった。「猪哥」の名の由来は、かつて「牽猪哥《カンティコオ》」つまりオス豚を連れて村々を歩きメス豚に種付けすることを生業にする人々がここに住んでいたことによる。

おそらく「猪哥」の名が雅でないため、清末こ

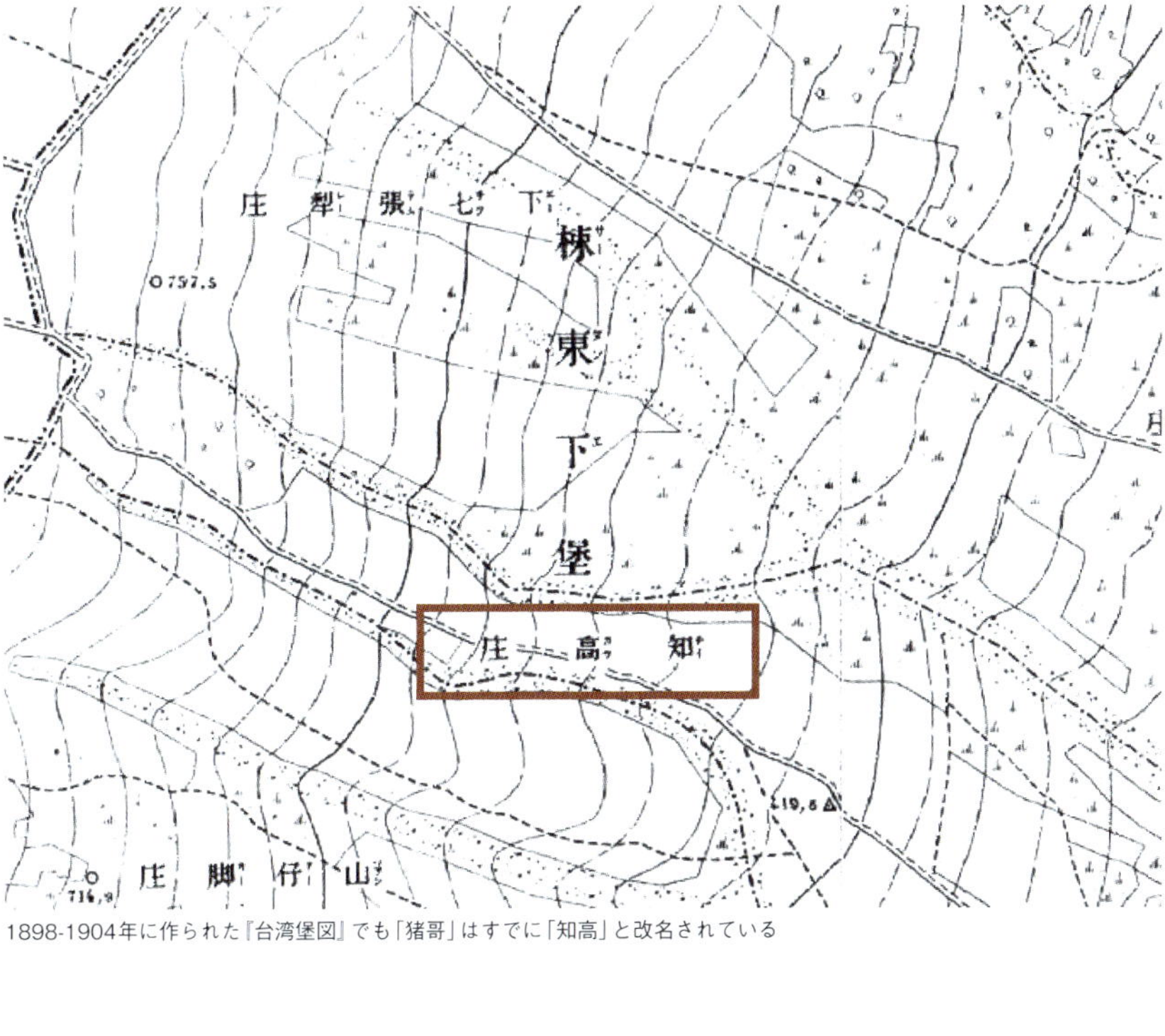

1898-1904年に作られた『台湾堡図』でも「猪哥」はすでに「知高」と改名されている

ろに「知高」と改名したのだろう。当時の文人雅士は好んでこのように書き換える。たとえば台中の「梧棲」港は「五叉」水路から改名したものであった。その他、旧時の墓碑には「なにがし知高」あるいは「なにがし智高」と名が刻まれていることがあるが、これらもみな民間で厄除けのためにつけた「猪哥」という名を雅に書いたものであった。

地名を変えた証拠として、清代の『苗栗県志《びょうりつけんし》』（一八九五年）を見ると、「知高荘は苗栗県城の西南五十八里のところにある」と書かれており、日本時代の『台湾堡図《たいわんほず》』（一九〇四年）にも、清末の旧地名として「知高庄」が見える。

知高飯が使う豚肉の部位は「腿庫」（豚もも肉）だが、この「庫」の字はいったいどんな意味なのだろうか？　日本統治時代の『台日大辞典』（一九三二年）には「腿褲《ツイコォ》」という言葉が収録されており「豚、水牛などの腿の皮」と解釈されている。

何となんと、たしかに豚の後ろ脚はゆったりしたズボン「褲子」をはいているようだ。どうも「腿庫」は正しくは「腿褲」と書くらしい。

その他の字では「股《コォ》」は腿のことで、豚の後ろ脚のことを「猪股」とも呼べるが、台湾語にはこの用法は無さそうだ。それでなければ「猪股」と「知高」は音が通じるのだが。

豚のもも肉はばら肉と比べて皮は厚く脂は少なく肉が多いた

腿庫

め「知高飯」もたいへん人気がある。

猪脚飯

猪脚は広義では豚の四肢を指すが、もし猪腿と区別するならば、すねから足先の部位を指す。猪脚はさらに猪小腿（中段）と猪蹄に分けられる。この部位は皮が多く中に骨があり、肉は少なく脂肪の層がなく、猪腿と同様に好まれている。

猪脚の中段は台湾語で「中箍《チオンコォ》」、もしくは「四点仔《シィディアムマ》」と呼ぶ。輪切りにすると四本の骨の先が四つの点のように見えるからだ。猪脚全体の中では中段がいちばん人気があり、価格ももっとも高い。ただし一般に「猪腿」のほうが高級と思われているので、知高飯の専門店では店員に「猪脚」をくれ、などとは言わないほうがよさそうだ。

猪頭飯

台湾にはもう一つ「猪頭飯」もあるが、これは台南の塩水や新営だけのものだ。ただ心配ご無用、白飯の上に豚の頭が丸ごとのっているわけではない。伝統的な猪頭飯の作り方は、豚の頭を鼻先、豚タン、皮と耳といった部位に分け、大鍋で柔らかくなるまでゆでて引き上げる。在来米を研いで、沸かしたそのゆで汁に入れ、火を通して蒸らすとできあがりだ。簡単に言えば、猪頭飯とは豚の頭で取ったこってりとした豚の出汁「高湯《ガオタン》」で炊いた飯なのだ。

台湾の伝統的な高湯には二種類ある。一つは豚の大腿骨で取ったもので、比較的澄んでいる。もう一つは豚の頭から煮出したもので、濃厚な出汁がとれるが、世の多くの人からは健康に悪そうだと思われている。蓬莱米（短粒のうるち米）と比べて在来米（長粒のうるち米）は粘り気が少なく、食感は固くぱらっとしている。この在来米が台湾でもともと食べられていた米飯だ。これを使っているために、猪頭飯はやや黄色みがかっていて、香り高く、飯粒がはっきりしているのである。

猪頭飯にはゆでた口先、豚タン、皮、耳などの部位を薄切りにしたものをおかずとして添え、タレをつけて食べる。

青椒はなぜ「大同仔」と呼ばれるのか？

ナス科トウガラシ属の植物は栽培品種として大きく二つに分けられる。一方は辛味のある「辣椒」つまりトウガラシだ。もう一方は相対的に辛くない「甜椒」で、大きくて辛味がなく、野菜として食べられるので「菜椒」とも呼ばれる。「青椒」すなわちピーマンはこの種の野菜として台湾でよく見られるもので、その緑色から青椒と呼ばれる。

台湾人がピーマンを食べる歴史は数十年にわたる。一年じゅう生産でき、価格が安いのでごく一般的な野菜と見なされ、とても人気がある。台湾人が作り出した「青椒牛肉炒飯」はむかし小さな食堂には必ず置かれたメニューであった。

「青椒」よりもよく見る「大同仔」

台湾語では外来のトウガラシを「番姜《ホアンキウ》」と呼び、ピーマンのことも「青番姜仔」とか「大粒番姜仔」と呼ぶが、もっとも一般的な呼び名といえば「大同仔《タイトンア》」だ。よく使われるため、教育部の『台湾閩南語常用詞辞典』にも項目が立てられているほどだが、長年この名前の由来が分からなかった。

ピーマンは「青椒」とも「大同（仔）」とも呼ぶ

「大同」という言葉はしばしば儒教が理想とする安楽な世界を指す言葉として使われるが、それがどうしてピーマンの別名に使われるようになったのだろうか？　解釈のしようがないために、ピーマンの形から「大筒」と書くのが正しいと考えている人もおり、じっさい「大筒仔」と書く場合もある。

台湾語の「筒《タン》」は中が空の円柱状の物を表すので、「煙筒」といえば煙突のことだ。また注射や点滴を数える単位として用いられ、一「筒」注射する、点滴容器を吊るさいに大「筒」を吊る、などという。しかし台湾語の「大筒《トアタン》」の読み方は「大同《タイトン》」とかけ離れている。また皆が同じ品種を植えるから「大同」というのだという説もあるが、こちらは文字から意味をひねり出しただけで何の根拠もない。

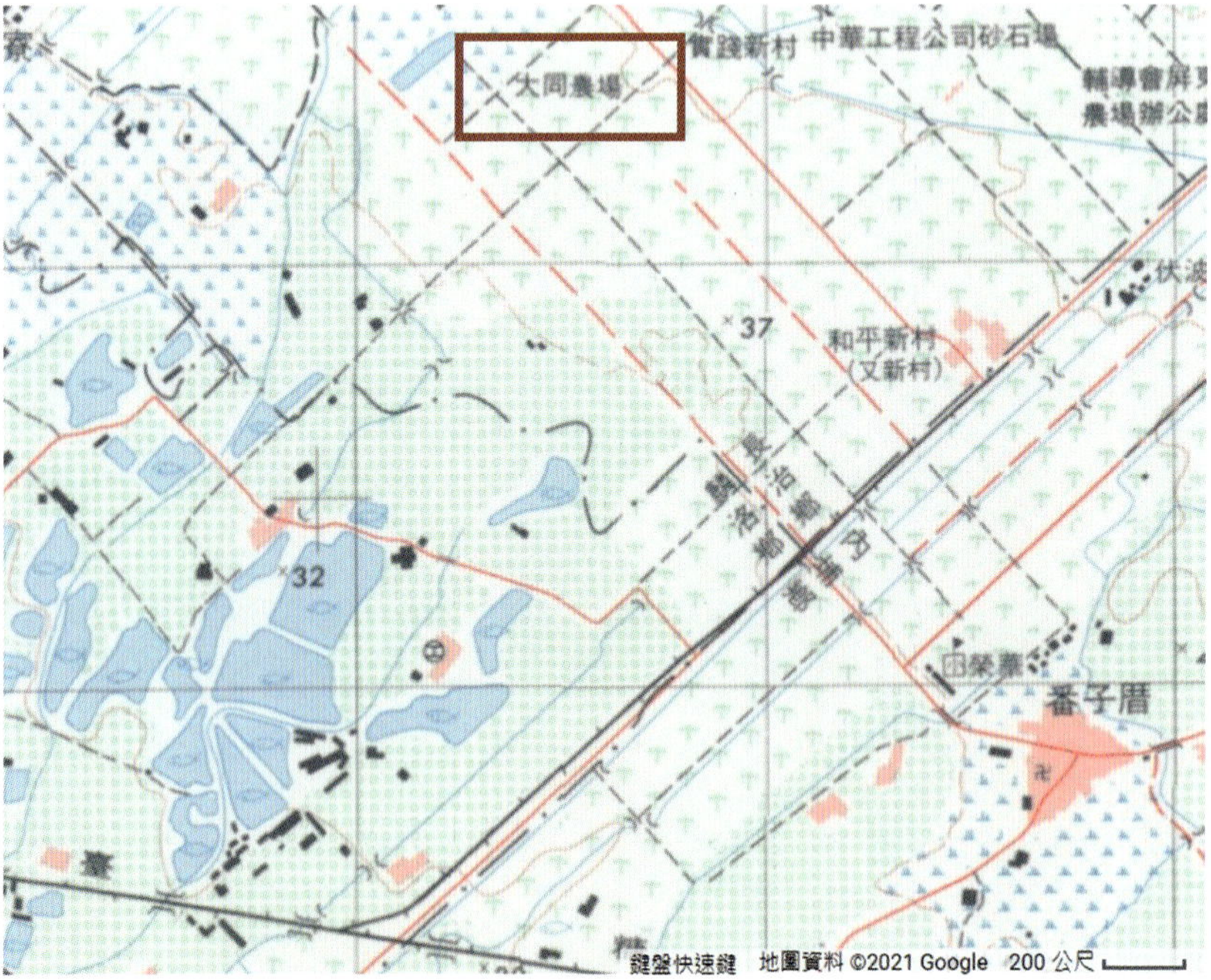

1985年、二万五千分の一経建版の地形図に大同農場の文字が見える

青椒と大同農場

二〇二〇年、著者はFacebookでの友人那沢から、今のところもっとも説得力がある説を聞いた。ピーマンが最初に植えられたのが屏東の「大同農場」だったからだ、というのだ。ピーマンをトラックに載せて青果市場に運んだされい、運転手が何を積んで来たのか尋ねられ、箱に大きく「大同農場」と印刷されているのを見て、そのまま「大同のやつさ！」と答えた。それから「大同仔」がピーマンの台湾における俗名になったのだ、というのである。

なんと「大同」の名が「大同農場」から来たのかもしれないとは！

戦後、国民党政府は退役した軍人たちに仕事を与えるために、屏東県長治郷隘寮に「大同農場」を設立し、その後一九六〇年代に「屏東大同合作農場」、「屏東農場」と改名された。農場が「大同」と名付けられたのは、戦後の国民党政府が台湾において「四維」「八徳」「復興」「大同」など政治的な意味のある名前をよく使っていたためだった。

ピーマンという作物はいつごろ台湾に導入されたのだろうか？　王礼陽『台湾果菜誌』（一九九四年）によれば、台湾では一九五〇年代になってはじめて栽培品種の甜椒（ピーマン）が作られるようになったという。最初は青臭さが強かったが、のちにじょじょに改良されて一般的に受け入れられるようになった。◆注／1

ではピーマンはどのように台湾に導入されたのだろう？　おそらく戦後にアメリカが中国援助法に基づき

◆1　パプリカは一九九〇年代にオランダから持ちこまれた品種で、ピーマンよりも厚みがあり甘みもあり、生でサラダとして食べられる。

一九四八年に設立した「中国農村復興連合委員会」によるものと考えられる。アメリカはこの組織を通じて台湾に資金と人材、技術を提供し、一九五〇年代から一九六〇年代にかけて台湾の農業の発展を援助した。そのうち、重要な仕事が各種の農作物と家畜の品種の導入と改良だったのである。

台湾の農作物と家畜品種の導入と改良が国家レベルで主導されたのは、日本統治時代が最初であり、二度目がこの戦後初期のアメリカの援助による農村復興連合委員会によるもので、台湾のその後の農業の発展に大きく貢献した。

大同農場の前身は日本時代の隘寮にあった捕虜収容施設で、「屏東捕虜監視所」と呼ばれていた。当時、捕虜に隘寮溪の河床から石や砂利を取り除き、田畑を開墾しサトウキビなどの作物を植える労働にあたらせていた。第二次世界大戦後半（一九四二年から一九四五年）の時点で、日本は台湾に十数か所の捕虜収容施設を持っており、おもに連合国側の英米の軍人たちが収容された。

ピーマンが大同農場で作られたという情報をくれた那沢は、一九九四年にある老人から話を聞いた。この老人は当時まさに「屏東捕虜監視所」で捕虜の監視に当たった台湾籍の日本兵であった。

果たしてピーマンが大同農場で最初に作られたのか、「大同仔」の名前が大同農場に由来するものなのか、著者は今のところ文献から直接の証拠を得られてはいないが、ひとまず「オーラルヒストリー」から可能性のある答えを得たといってよかろう。

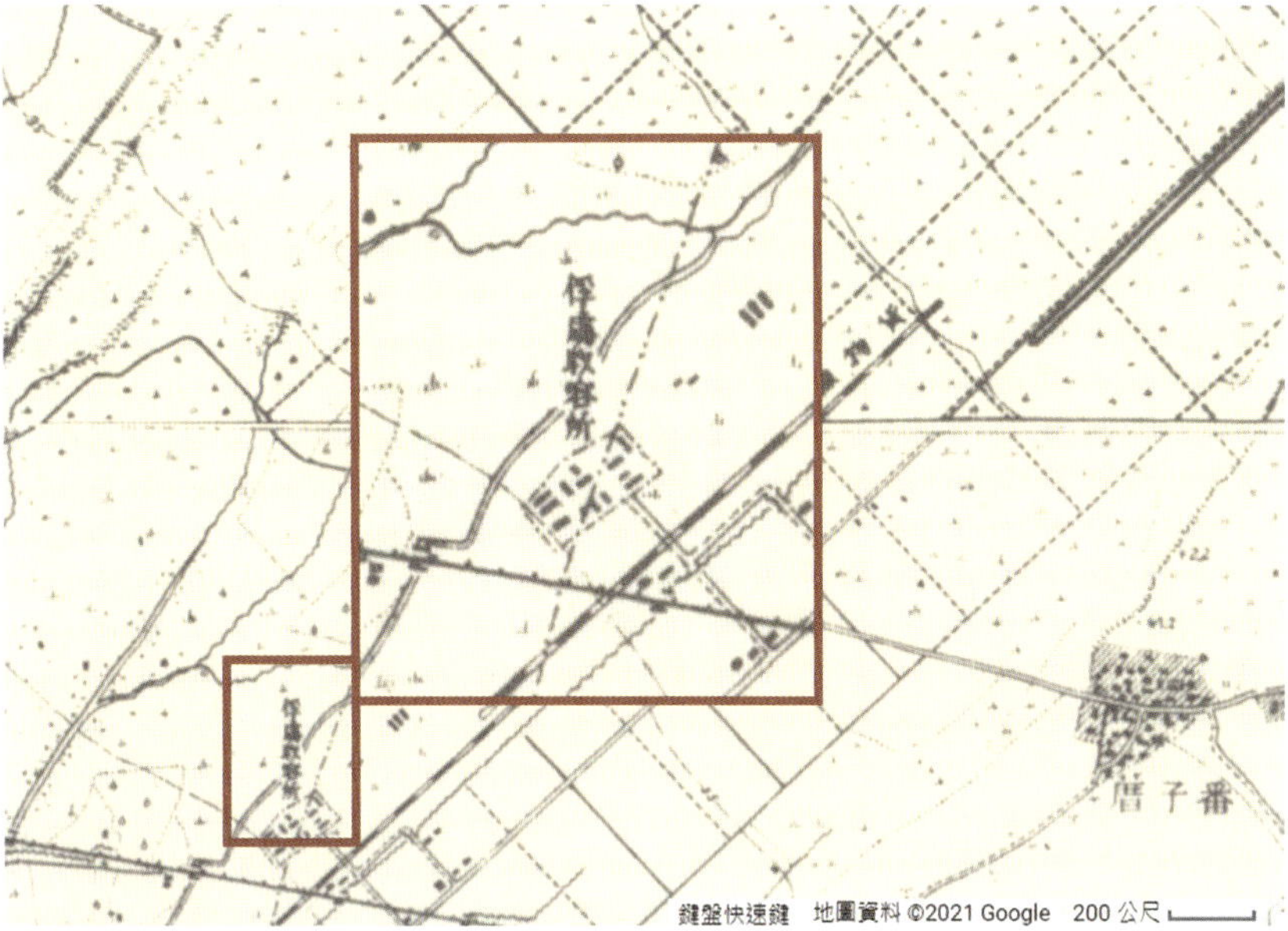

1944年、日本統治期の二万五千分の一地図上の捕虜収容施設

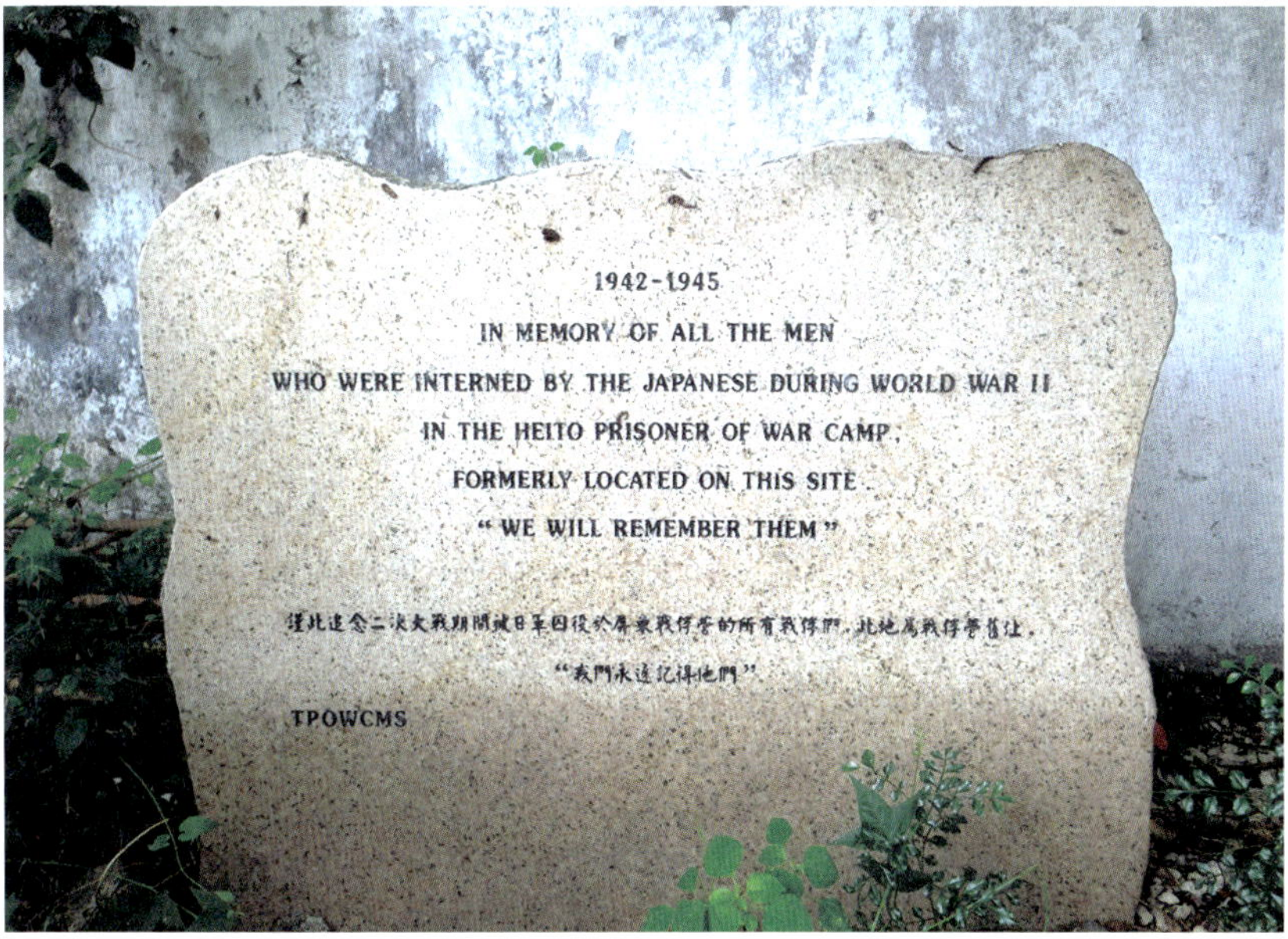

麟洛隘寮の捕虜収容施設記念碑

魚缶詰小史

人類は非常に早くから塩漬け・燻製・乾燥によって食物を保存してきた。それと同時にさらによい方法を模索し続けてきたが、十九世紀初頭になってようやく、煮て火を通したうえで、消毒・密封することで食物を保存する缶詰を発明した。最初は軍隊での需要に応えたものであったが、十九世紀の間にさまざまな食物の缶詰が民間に普及するようになった。イギリスでは一八一二年に世界初の食品缶詰工場が設立され、魚の缶詰がここに誕生し、人類の魚を食べる伝統的な方法を改革したのである。

お年寄りは魚の缶詰をすべて「三文魚」と呼ぶ?

台湾が一八六〇年に開港した後、当時台湾に開かれていたイギリス、ドイツ、アメリカの商社「洋行」が、ヨーロッパやアメリカで製造された魚の缶詰を台湾に輸入し始めた。そのころもっとも一般的だったのはサーモンの缶詰とサーディンの缶詰であった。

ヨーロッパで多く獲れるアトランティックサーモンのことを当時の英華、華英、英粵(広東語)字典は、「馬友魚」「狗吐魚」などと訳すとともに、音訳から「三文魚」「杉挽魚」などの中国語名を付けていた。それらはイギリスの植民地であった

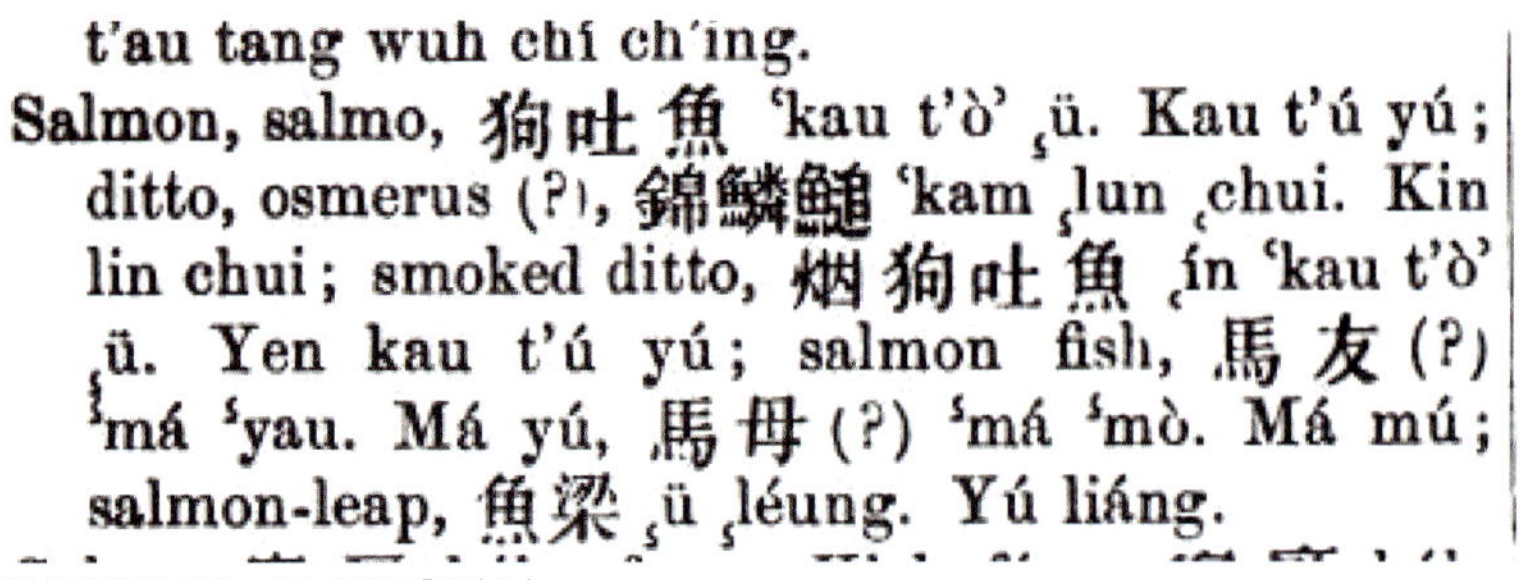
t'au tang wuh chí ch'ing.
Salmon, salmo, 狗吐魚 ʻkau t'òʼ ˏü. Kau t'ú yú; ditto, osmerus (?), 錦鱗鎚 ʻkam ˏlun ˏchui. Kin lin chui; smoked ditto, 烟狗吐魚 ˏín ʻkau t'òʼ ˏü. Yen kau t'ú yú; salmon fish, 馬友 (?) ʻmá ʻyau. Má yú, 馬母 (?) ʻmá ʻmò. Má mú; salmon-leap, 魚梁 ˏü ˏléung. Yú liáng.

『英華字典』(1872年)のサーモンの訳は「狗吐魚」

香港と、廈門、台南（安平）、高雄（打狗）などの港で使用され、のちに香港で「三文魚」の名が定着して今に至るのである。◆注／1

清代後期まで台湾人は鮭を見たことがなかったため、台湾向けに売られた最初期の缶詰であったサーモン缶を見て、「三文魚《サンブンヒィ》」と呼ぶようになった。

清代後期から日本統治時代を経て戦後に至るまで「三文魚」は台湾における魚の缶詰の代名詞であった。じっさい日本統治時代には、台湾には北海道から紅鮭が運ばれたものの、それらはすべて塩鮭か燻製であったし、台湾語で紅鮭は「紅鰱魚」と呼ばれ、「三文魚」とは呼ばれていなかったので、塩鮭はあくまで「鹹鰱魚」であり「鹹三文魚」ではなかったのである。

今日では、台湾で生産される魚の缶詰はおもにサバ・カツオ・マグロから作られたものだが、それでも年配者は習慣的にそれらをも「三文魚」と呼ぶことがある。

日本統治時代に作られた魚缶詰

台湾は多様な海産物が豊富に獲れる島であり、特に黒潮ベルトが大量のサバ科の魚（サバ・カツオ・サワ

◆1　中国には鮭がおらず「鮭」の字はもともとフグを意味していた。日本でサケを呼ぶのにこの字を使うようになり、北海道の漁場でよく獲れるものを紅鮭と呼ぶようになった。一九一七年、中国人学者杜亜泉が主編した『動物学大辞典』では、日本語の用字に従って「鮭」の字をサケに用いている。台湾では日本統治時代にも日本に従った「鮭」の字の用法があったのである。当時サーモンは香港では馬友魚とも訳されたが、現在、香港で馬友魚といえば四指馬鮁（ミナミコノシロ）を指す。見た目に似ているところがあるためであろうか。なおミナミコノシロは台湾では「午魚」と呼ぶ。

ラ・マグロ）やカジキなどを運んでくる。

台湾では日本統治時代に大規模な漁業が始まり、日本人が水産業に関する教育も導入した。日本統治時代中期以後には、前後して七か所の水産学校が創立され、日本人の専門家が各種の水産知識と加工技術を伝えた。当時、台湾でも魚缶詰工場が設立され、それぞれの水産学校も実習として各種の魚缶詰の開発に取り組んだ。◆注／2

当時、基隆では多量のカツオ缶詰と、サメから作った魚だんごの缶詰が生産され、高雄ではおもにマグロ缶詰が作られた。

それぞれの水産学校では、次のような魚缶詰が開発製造された。

東港水産補習学校　サバ缶詰、カジキ缶詰
澎湖水産補習学校　鯛みそ缶詰、カツオ缶詰、イワシのトマトソース缶詰
安平水産専修学校　虱目魚の燻製缶詰

サバのトマトソース缶、赤と黄色でどう違う？

戦後になり、台湾で作られたサバもしくはカツオのトマトソース煮の缶詰は、味もよく安いことから広く人気となり、また先祖や神明への供え物としてもよく使われるようになった。

今日、三興・同栄・好媽媽・老船長などのブランドのサバのトマトソース煮缶詰には、どれも黄缶と赤缶の二種類がある。しかしよく見ると表示された内容物にはまったく違いがなく、価格だって同じだ。ではもし黄缶と赤缶がまったく同じものなら、どうして二種類作る必要があるのだろう？　これは好奇心をそそら

れる。この長年の謎にはさまざまな説が唱えられてきたが、そのほとんどは単なる推測にすぎなかった。

著者は宜蘭の南方澳漁港で、直接に三興の本社で尋ねてみたところ、以下のような答えを得た。むかし魚のトマトソース煮缶は、黄缶がサバ、赤缶がカツオと分かれていた。カツオ缶が安めで、赤缶が供え物に使うのに縁起がいいというので、とくに魚を供え物に使う桃園・新竹・苗栗の客家が多く住む地域では売り上げがとてもよかった。

しかしのちにカツオの漁獲量が不足し、サバ缶しか作らないことになった。そのような状況のもとでは、本来であればカツオを使っていた赤缶はなくなるはずだったが、桃園などの地域ではすでに赤缶に慣れてしまっていたため、それらの地域では缶の色は赤のまま中身をサバに変えたのだった。中南部および東部では従来通り黄缶、台北など北部では各地の人々が働くため黄缶と赤缶の二種類ともに扱うことにしたのだという。ということで、黄缶と赤缶はまったく同じものなので、この話はぜひ広めてほしいところだ。

現在、サバのトマトソース缶はしばしば赤と黄の二色が売られている

◆2　呉文星『日本統治時期台湾の水産教育—養成課程への分析を中心として』、国史館館刊第四十一期（二〇一四年九月）、pp.43-75。

ツナ缶が「海底鶏」と呼ばれる理由

マグロの水煮や油漬けの缶詰は台湾でたいへん人気があり、「海底鶏」と呼ばれて親しまれている。しかしなぜ魚を鶏に例えるようなことをするのだろうか。台湾のマグロ缶詰のブランドの一つに「紅鷹牌海底鶏」がある。一九七八年に活宝食品公司が宜蘭県冬山郷で開発したものだ。一九八二年、この会社が当時のコメディスター石松と葛小宝を使って作ったCMはこんな調子だった。コックに扮した二人が登場し、葛小宝「こいつはブロイラーじゃないね！」石松「こりゃ地鶏よりうまいよ！」。マグロ缶詰はこの「海底鶏」という名前で、鶏肉のような色合いと食感があると訴えたのだった。じつはこの発想は日本とアメリカに基づくところがある。

静岡は日本におけるマグロ缶詰の発祥の地だ。日本のマグロ缶詰の大手メーカー、はごろもフーズ（後藤缶詰所）は一九三一年に静岡で創業した。はごろもは日本語の「羽衣」から来たもので、静岡市清水区にある三保の松原の「羽衣伝説」に由来する。◆注／3

一九五八年、はごろもは「シーチキン」の名前で商標を登録した。これはもちろん英語でSea Chickenを意味する。

Sea Chickenという概念はアメリカに由来する。一九一四年、フランク・ヴァンキャンプはカリフォルニア・ツナ・カンパニーを買い上げ、ヴァンキャンプ・シーフード・カンパニーに改名するとともに、マグロ缶詰のうまさを表現するために「Chicken of the Sea」という宣伝文句を作り出した。これは大いに当たって、会社自体もこの名前に改めたのだった。

ツナ缶をめぐる争議

二〇一八年十一月、ニュースメディアの報道によれば、衛生福利部食品薬物管理署は「マグロ缶詰」の表示を、カツオを原料としたものにも使えるとし、これは国際的な慣例に則ったものだと発表した。マグロは英語でTuna、カツオは英語でSkipjack TunaもしくはStriped Tunaと呼ぶので、カツオをTunaと略して呼ぶことはありうるというのだ。◆注／4

報道では、食薬署はマグロ以外は、サバ科であるカツオだけを「ツナ」と呼んでよいと発表したが、台湾の業者がすでにカツオをマグロの代用品として缶詰を作っていることは公然の秘密であったと言え、じっさい

◆3　はごろもフーズの社名は羽衣伝説による。むかし三保半島のある漁師が松の樹にかけられた美しい衣を見つけて持ち帰ろうとすると、仙女が現れ、「それはわたくしの羽衣です、お返しください」と言う。漁師が承知しないと、仙女は泣きながら「その羽衣がなくては天に帰れません」と言う。漁師はようやく、天界の舞いを見せてくれたら羽衣を返すと言った。仙女は羽衣をまとうとゆっくりと踊りだし、だんだんに高く舞い上がっていき、ついには富士山のかなたに消えたという。

◆4　台湾でのマグロの呼び名は台湾語では英語のツナの音訳から「串仔（ツンナア）」である。華語では「鮪魚」と書いて「ヨウユー」と読むが、この名前は台湾だけのものだ。華語の「鮪魚」は日本語の「マグロ」の漢字から来ている。中国大陸では「金槍魚（ジンチアンユー）」と呼び、香港ではやはりツナの音訳から「吞拿魚（タンナーユー）」と呼ぶ。

◆5　「煙仔虎」という名の由来は、一般的には「飛烏虎」（シイラ）が「飛烏」（トビウオ）を追うことに由来するのと同じように、「煙仔」を追うことからついたとされている。サバ科（Scombridae）はサバ、マグロ、サワラ、ハガツオの四族に分けられ、ハガツオはハガツオ族に属する。ただ煙仔虎は「齒鰆」と呼ぶように台湾ではサワラの仲間とされることがあるが、体長は小さく、一メートル程度にしかならないため、カツオやスマと変わらない。そのため煙仔虎は小さなカツオしか追いかけられないだろう。じっさい煙仔虎はカツオによく似ており、いちばんの違いは体表の模様で、煙仔虎の縦縞は背中にあるが、カツオの縦縞は腹がわにある。また煙仔虎の歯はカツオに比べて大きく鋭利で「疏齒煙」とも呼ばれる。あるいはこれも「虎」の名の由来かもしれない。身質については煙仔虎が白身で煙仔が赤身である。

には同じくサバ科の「ハガツオ」も、マグロ缶詰として売られている。

カツオは台湾語では俗に「煙仔《イエンナ》」と呼び、ハガツオは台湾語では「煙仔虎《イエンナホオ》」と呼ぶ。また基隆の八斗子観光漁港では「小鮪魚」と呼んでいる。◆注／5

なお日本ではマグロ缶詰とカツオ缶詰には区別があり、それぞれの缶詰には「まぐろ」、「かつお」と表示する必要がある。もし両者を混ぜている場合には、成分表で説明することになっている。

台湾素食小史

台湾では「素食」と呼ばれるベジタリアンフードは一般的であるとともに多様化しており、いたるところに素食のレストランがあるし、コンビニエンスストアにさえ素食のコーナーがある。国際的なメディアで「ベジタリアンに友好的な国と地域」に挙げられているだけでなく、全世界的な菜食用の食材「素肉」（ベジタリアンミート、代替肉）の中心的な生産地でもあり、ベジタリアン大国であるといえよう。これは台湾が人口全体に対して相対的に多くのベジタリアンを擁していることによるものだ。◆注／1

台湾にはどれくらいのベジタリアン人口がいるのだろうか？　「素食」の定義と期間にもよるため統計を取りにくく、正式の調査も少ない。「素食」の定義としては、一般には牛乳と卵を摂れる「ベジタリアン」と、それらを食べない「ビーガン」に分かれ、期間では長期にわたるものと、特定の日や時間にのみ素食を食べるものとに分かれる。たとえば朝に素食を食べる「早斎」、月に四、六、十日の「斎日」を設けるもの、また月のはじめと十五日のみ素食にする人もいる。

財団法人食品工業発展研究所が二〇〇八年に発表した「台湾食品消費調査統計年鑑」では、台湾の素食人口は全体の約十パーセントを占め、長期にわたるビーガンの人口も二パーセント程度いるという。また、宗教的理由と健康志向も台湾の人々が素食を選ぶ要因となっている。

◆1　イギリスの旅行雑誌『ワンダーラスト』（二〇一九年五月十三日）が選ぶ「ベジタリアンの旅行者に最適な七つの地域」にはインド・スリランカ・インドネシア・イギリス・イタリア・レバノンと台湾が挙げられている。

近年では、各国の国際メディアの各国のベジタリアン人口の比率に関する報道によると、台湾のベジタリアン人口比率は上位にあたり、十三〜十四％、およそ三百三十万人のベジタリアン人口がおり、六千軒のベジタリアンレストランがあるという。同時にメディアでは、台湾には多くのベジタリアンがいることから、政府がベジタリアン食品に求める食品表示は全世界でもっとも厳格である、と伝えていた。◆注／2

台湾における素食は、その理由によって以下のように分けられる。宗教、健康、環境保護（畜産業が大量の温室化ガスを排出して地球の環境を破壊していることに反対する）、人道上の立場（非人道的な方法で家畜を飼育し、屠畜することに反対する）などで、そのうち宗教によるベジタリアンがもっとも多い。

歴史的に見ると、台湾の宗教によるベジタリアンの歴史はたいへん長く、台湾の伝統的な「在家仏教」の影響とかかわりがある。

在家仏教の発展

明代中期にあたる十六世紀はじめ、山東の仏教徒であった羅清が「在家仏教」の思想を唱えた。歴史的にはこれを羅教と呼ぶ。出家せず、在家で素食を食べて読経し、日常生活の中で修行することから、民衆から広く歓迎された。羅教には中心的な組織はなかったが、のちに各地にさまざまな流派が生まれ、儒仏道の三教の教義と結びついた宗教運動かつ民間信仰となり一世を風靡した。

清代に羅教の各流派が流伝し勢力を拡大すると、正統的な仏教を脅かすまでになり、それとともに朝廷から弾圧されるようになった。

明末から清代にかけて羅教の各流派は台湾に伝わった。おもには明代崇禎年間に金幢派が、清代の道光年間には龍華派が、咸豊年間には先天派が伝来した。そのうち先天派の戒律は肉や魚を食べることをもっとも厳しく禁じていた。当時、台湾の伝統社会には救済組織が不足しており、羅教のシステムが台湾の各地でそれらを補う作用を担っていたのである。

またオランダ統治時代の関連文献によれば、台湾にはその当時からすでに素食をする人々がいたことが分かる。

オランダ統治時代の華人は台湾に短い期間で働きに来ていたため、死亡した場合、遺体は故郷に返していたという説を唱える人もいる。しかしじっさいには、その時期にはすでに華人社会が形成されており、人が亡くなれば僧侶や道士による葬儀を行う必要があった。当時、華人の葬儀があっただけではなく、「孝女哭墓」と呼ばれる習俗も存在していた。当時、台湾にはおそらく専門の仏僧はいなかったが、在家仏教が流行していたため、在家仏教の信徒が亡くなった人の家に行って焼香読経していたというのは合理的な推論であろう。

その他、オランダ人は台湾に寺廟を作ることを許しておらず、そのため華人移民は故郷から神像を持ちこんで家で祭祀を行っていた。その中には釈迦如来や観音菩薩像があったことから、当時すでに在家仏教の信徒がいたことが分かる。

◆2　英語版Wikipediaに記載の各国のベジタリアン人口統計は、二〇一〇年以来の各国の関連の統計をまとめたもので、その上位六位まではインド二十〜四十%、メキシコ十九〜二十%、ブラジル十四%、スイス十四%、台湾十三〜十四%、イスラエル十三%となっている。その他、日本九%、イギリス七%、アメリカ五〜八%、中国四〜五%であるが、ベジタリアン人口といっても短期的に、弾力的にベジタリアンフードを食べる人々が多いとされている。(二〇二一年四月三十日)

日本統治時代の斎教

日本統治時代に、台湾総督府は台湾を統治するためにまず「旧習慣の調査」を行い、金幢教・龍華教・先天教の三教が肉食を禁じ、信徒は「食菜人」を自称し、たがいに「菜友」と呼んでいること、仏をまつり集まる場所を「斎堂」と呼んでいたことが分かった。そこで「斎教」と総称することにしたのである。

当時、台湾総督府で通訳官を務めていた片岡巌《かたおかいわお》は、著作『台湾風俗誌《たいわんふうぞくし》』（一九二一年）において、斎教徒とかれの斎教に対する見方を記述しており、信徒の言葉を引用してこう述べる。

「僧尼は法衣を着し頭髪を剃り居るも往々糊口の為めに出家したる者ありて能く仏教の戒法を守るもの少なし。故に教理を究め世を済度する等は覚束なき所なり。これに加えて、僧尼は徒らに寺廟に住し生産を務めず。たとえ法衣を着けず頭髪を剃らざるも能く仏道の教義に通じ戒律を守らば仏徒たるに恥じず、また生産を務め国用を空費せざれば国民の務めなり」

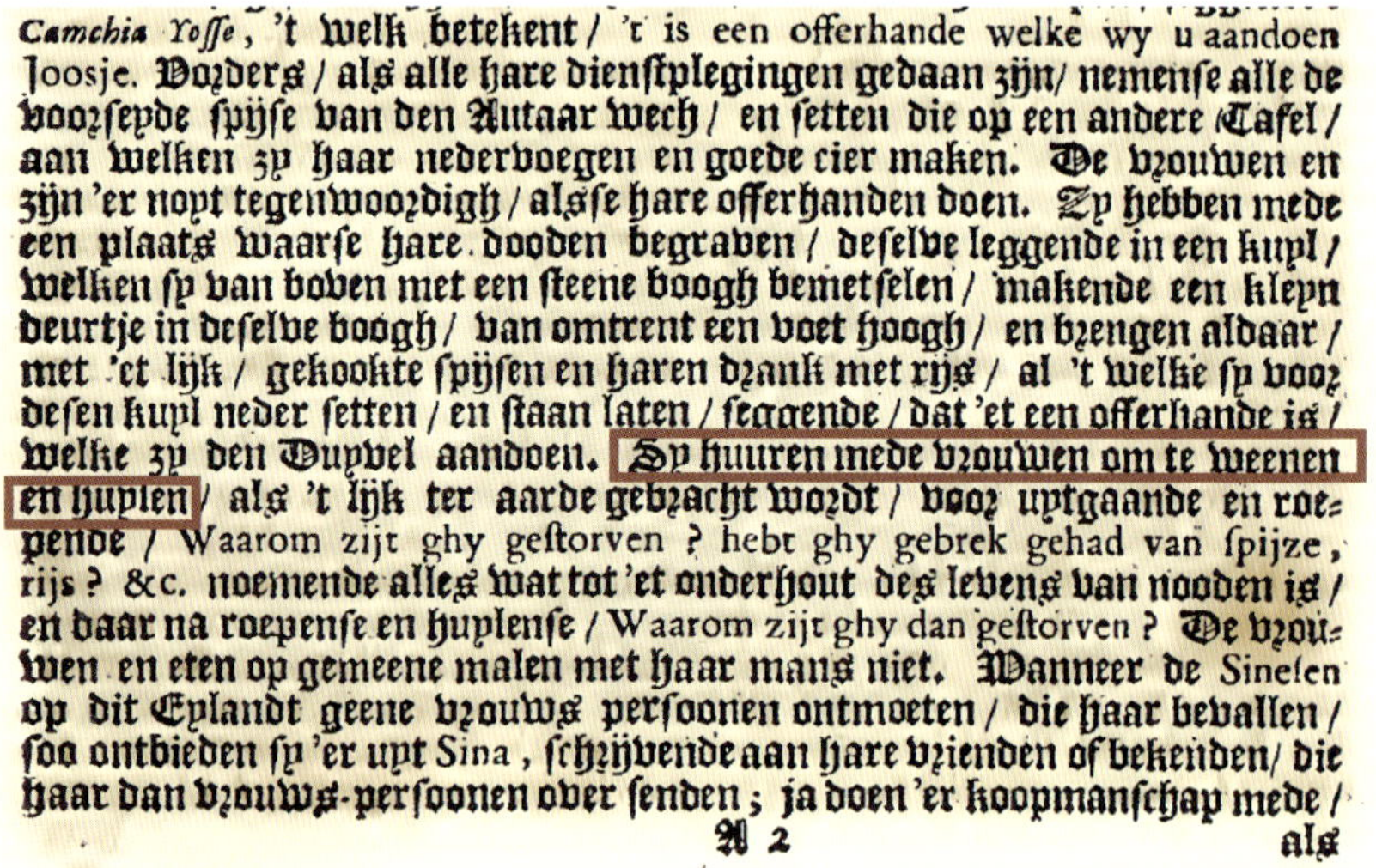
Camchia Yoſſe, 't welk betekent / 't is een offerhande welke wy u aandoen Joosje. Voorders / als alle hare dienſtplegingen gedaan zijn / nemenſe alle de voorſeyde ſpijſe van den Autaar wech / en ſetten die op een andere Tafel / aan welken zy haar nedervoegen en goede cier maken. De vrouwen en zijn 'er noyt tegenwoordigh / alsſe hare offerhanden doen. Zy hebben mede een plaats waarſe hare dooden begraven / deſelve leggende in een kuyl / welken sy van boven met een ſteene boogh bemetſelen / makende een kleyn deurtje in deſelve boogh / van omtrent een voet hoogh / en brengen aldaar / met 'et lijk / gekookte ſpijſen en haren drank met rijs / al 't welke sy voor deſen kuyl neder ſetten / en ſtaan laten / ſeggende / dat 'et een offerhande is / welke zy den Duyvel aandoen. Sy huuren mede vrouwen om te weenen en huylen / als 't lijk ter aarde gebracht wordt / voor uytgaande en roe-pende / Waarom zijt ghy geſtorven ? hebt ghy gebrek gehad van ſpijze, rijs ? &c. noemende alles wat tot 'et onderhout des levens van nooden is / en daar na roepenſe en huylenſe / Waarom zijt ghy dan geſtorven ? De vrou-wen en eten op gemeene malen met haar mans niet. Wanneer de Sineſen op dit Eylandt geene vrouws perſoonen ontmoeten / die haar bevallen / ſoo ontbieden sy 'er uyt Sina, ſchrijvende aan hare vrienden of bekenden / die haar dan vrouws-perſoonen over ſenden ; ja doen 'er koopmanſchap mede /

A 2

als

漢人の葬儀のさいに泣き女を雇っていた（孝女白琴）という記述。『1661年7月5日より始まるシナ人によるフォルモサ島征服の物語　フランス語からの翻訳』（Verhaal van de verövering van 't eylant Formosa, door de Sinesen , Op Den 5 Julii, 1661: Uyt Het Frans Vertaalt）。

齋堂内の正廟（齋場）
正面に主祀の觀音像を奉祀し菜食
人は朝夕禮拜讀經する

齋堂全景（臺北市南隅觀音山）

日本統治時期の文献に見える斎教の施設

当時、斎教の台湾における影響力は一般的な仏教よりも大きかった。一九一五年に起こった「西来庵事件」（タバニー事件）は、元警察官であった余清芳が斎教の名義と勢力を借りて起こした武力抗日運動であった。日本軍と警察によって鎮圧されるさい、合わせて千人以上が死亡し、二千人近くが逮捕された。これ以降、台湾総督府は台湾の民間信仰を整備し監督し始めたのである。

戦後、中国仏教が台湾に流入すると、斎教は徐々に弱まり、多くの信徒は正統的な仏教の信仰へと移っていった。しかし、一部の斎教の信徒は「一貫道」の信仰に移った。これは今でもさかんに信仰され、多くの信徒を擁するようになっている。

中国仏教は一九八〇年代から今に至るまで盛行し、「人間仏教」、つまり仏教の教えによる社会の改良を唱え、台湾において相当数の宗教由来のベジタリアンの人口をつなぎとめている。

台湾における新たなベジタリアンフード

一九九〇年代から台湾では宗教的ベジタリアンを基礎として、そこに健康・環境保護・人道的理由のための菜食が起こり、伝統的な「素食」とは異なる「蔬食」が発展した。

中国における仏教と道教に基づく素食は、「五辛」もしくは「五葷」と呼ばれる、ネギ・ニラ・ニンニク・ラッキョウ・アギに対する禁忌を含んでいる。すなわちネギやニンニク、ニラなどの辛味のある野菜も、性欲を刺激し口に臭気を生むなまぐさものとして禁じているのだ。この五辛の説は『楞厳経《りょうごんきょう》』に基づく。「これら五種の『辛』は、火を通して食えば性欲が高まり、生で食えば怒りっぽくなる。この世で五辛を食べるものは、たとえ十二部経を唱えて解釈できようとも、天仙たちはその臭気を嫌がり、みな離れてしまうであろう。かえって餓鬼たちは、人が五辛を食べるたび、その唇を舐めたがるであろう。餓鬼らとともに居れば福徳は日ごとに減じ、それが長くなればよいことはない」

しかし、素食を求める人がみな宗教の信徒とは限らない以上、「葷菜」を禁忌にすることもない。ましてネギ、ニラ、ニンニクなどはみな美味であり味を調えてくれる香味野菜なのだから。

こうして、五辛に対する禁忌のない「蔬食」は、調理の上でより自由となった。「蔬食」の看板を掲げ、国境を越え創意工夫を凝らすことに熱心なレストランが増えていることも、台湾におけるベジタリアン人口の増加を促進しているのである。

貧しかった時代の飯のおかず

台湾語のことわざにこんな言葉がある。「夫と妻が二人で大根漬けを食う」、「夫と妻が好き同士なら、大根漬けの根でもつらくない」。世の中の夫婦に、いちど得た縁を大事にして別れることなく、たがいに大事にしていさえすれば、たとえ三度の食事が粥に大根漬けを合わせたものだけだったとしても、幸せに日々を送ることができるのだ、と忠告を与えるものだ。

貧しい時代には「菜脯《ツァイポォ》」（干し大根）や「蔭瓜《イムコエ》」（きゅうりの醬油漬け）はもっとも一般的で安い野菜の漬物だった。塩気が効いてさえいれば、飯のおかずにはよかった。もっともその飯というのも、ふつうは白飯は食べられず、米の粥か、もっと言えばサツマイモを加えてかさ増しした粥だったのだが。

台湾は島からなる土地なので、海産物の塩蔵品が安い。これはタンパク質にも富むうえ、飯のおかずにもよい。中でもいちばん一般的なのは「魚脯仔《ヒィポォア》」（魚フレーク）であったが、他にも貧しい人々は安くてうまい飯のおかずをよく知っていたものだ。

鹹鮭

「鹹鮭《キアムコエ》」（「鹹膎」とも書く）は塩漬けの魚やエビ、貝類のことで、塩気がきついが醗酵のうまみがある。ふつうガラスの瓶に詰められ、飯のあてにとてもいいものだった。当時はしばしば朝食の粥に合わせられた。清代の『続修台湾府志《ぞくしゅうたいわんふし》』（一七六四年）などにも「魚やエビを塩漬けにしたものを『鮭』という」とあり、台湾の伝統的な食文化といえる。日本統治時代から戦後初期にはまだ存在していたが、のちに徐々に見られなくなった。ただ今日でも澎湖、台南、鹿港、金山などの地域には魚・エビ・ニシガイ・カキ・小ヤリイカなどの海産物で作った「鮭」を売る店がわずかに残っている。

鹹花飛

サバは台湾語で俗に「花飛《ホエフィ》」と呼ばれる。黒潮ベルトが大量のサバを運んでくるので、台湾での漁獲量がもっとも大きな魚種となっている。そのまま調理するのはもちろん、缶詰や塩漬けにすることで、庶民に廉価で美味な高タンパク質の食物を提供している。◆注／1

しかし、サバ科の魚は腐敗しやすく、魚の体内のヒスチジンがヒスタミンに変換され、ヒスタミン中毒、俗にいう「サバ中毒」を惹き起こしやすい。そのため、むかし冷蔵設備がなかったころには、新鮮なサバ科の魚が食べきれないほどある場合には「鹹花飛」を作ったものだ。これはつまりサバを使った、日干しにしない塩漬け魚のことだ。

当時、塩サバは台湾でももっとも一般的なもので、煎り焼きにすると塩気がきいてうまい飯のおかずであり、貧しい家の子どもにとっては成長するために必要な栄養の摂取を助けてくれるものであった。

◆1　中央研究院『台湾魚類資料庫』に拠れば台湾で一般的なサバには二種類あり、「花腹鯖（ゴマサバ）」と「白腹鯖（マサバ）」である。

四破魚

「四破《シイポア》」とは台湾語でムロアジの仲間の「モロ」のことだ。光に向かって集まる習性があり、むかし台湾の沿海ではよく見られ、漁獲量も高かった魚種である。◆注／2

清代康熙年間の『福建通志《ふっけんつうし》』（一八六六年）の「台湾府」部分にこのような記載がある。「四破魚は、鰮に似ておりウロコはなく、灯火を好む。大武崙から三貂一帯の海岸の漁民は、夜半に二隻の船を使って一枚の網を張り、別の小舟でたいまつを灯して他の二隻を誘導する。すると魚たちが灯りに向かってやってくるので、網の中に無数の魚が獲れる」。ここでいう「鰮」はイワシを指す。清代には今の基隆の大武崙から新北の三貂角一帯の漁民がすでに四破魚の光に集まる性質を知っていたことが分かる。

四破魚は脂肪酸が多く酸化しやすいために、早くから特別な処理方法が発達した。すなわち、漁

四破魚

船が港に戻ると、四破魚をただちに塩水でゆでて、火を通した状態で売るのである。ゆでた四破魚は価格が安いわりに、油で煎ると塩気がきいて美味で飯が進むので、庶民にたいへん人気のある食べものだった。今日でも多くの人々の食の記憶に煎り焼きにした四破魚のうまさが刻まれている。

狗母魚

台湾の周囲と離島の海域には「狗母魚《カウブウヒィ》」と呼ばれる魚がいる。「狗母梭《カウブウソオ》」とも呼ばれる。この魚には一見したところメス犬（狗母）を連想させるところはないので、その名前には好奇心をそそられる。◆注／3

清代の台湾の地方志には、「狗母魚」はたいていこのように書かれている。「体長は一尺あまり、小骨が多く、魚の中でも質に劣るものである」。狗母魚は見た目が悪く小骨が多いので下魚とされてきたが、むかし庶民はこの魚を買い、魚でんぶ「魚鬆」を作ることが多かった。これはなかなかの美味で、こちらも多くの人々の幼いころの美味の記憶となっている。

◆2　中央研究院の『台湾魚類資料庫』によればアジ科ムロアジ属の「藍円鰺（マルアジ）」、「長身円鰺（モロ）」、「頜円鰺（クサヤモロ）」の三種は、いずれも四破と呼ぶとある。しかし民間では異なる見方もあり、多くの釣り名人たちはマルアジのことは「巴郎（パーラン）」と呼び、モロこそが「四破」であるという。

◆3　中央研究院の『台湾魚類資料庫』によれば、エソ科アカエソ属のミナミアカエソ、固有種のタイワンエソ、オキエソ属のオキエソ、またマエソ属のトカゲエソ、マダラエソ、グレーターリザードフィッシュなどはどれも狗母魚、狗母梭と俗称される。狗母梭の「梭」とは、機織りのさいに横糸を巻いて縦糸の中をくぐらせるシャトルを指す。狗母梭の頭の形がシャトルに似ていることから名がついたのである。「狗母」とは、二十四節気の一つ「穀雨（コクウウ）」と音が近いことから書き誤ったことから来ていると言われる。この魚の名が「穀雨」（四月十九日から二十一日）と関わるのは、この時期によく獲れるから「穀雨魚」と呼ばれたためである。次の節気は「立夏」（五月五日から七日）である。

今日では狗母魚の漁獲量は少なくなり、狗母魚から作ったでんぶはカジキやサケから作ったものよりもかえって値段が高い。

台湾はいかにして小吃王国となったか

台湾グルメとして有名なのは何といっても小吃であり、国際的なメディアの注意と関心を早くから惹いてきた。

CNN travel サイトは以前、四十種の台湾小吃を推薦し、「小吃」を英語でSmall eatsと直訳したうえで、「たくさんの小吃があることは台湾にとって大きなこと」であり、「台湾における飲食哲学とは、しょっちゅう口にし、しっかり食べること」であるとも書いている。◆注／1

日本の作家でありベテランのジャーナリストでもある野嶋剛は、「台湾料理とミシュランは互いに我関せず」と題したコラムで、台湾料理の神髄は「安く、うまく、身近」な小吃にこそある、と述べた。◆注／2

シンガポールの聯合早報のコラムは「小吃の持つ大きな力」と題し、台湾の小吃文化の力の大きさについて述べ、それが「台湾ソフトパワー」の延長にあると書いている。◆注／3

◆1　二〇一五年七月、CNN travelの「台湾うまいものベスト40―『割包』からタピオカミルクティーまで」では記事の著者は四十種の台湾小吃を翻訳、解説している。

◆2　二〇一八年三月二十三日『蘋果日報』の「蘋中信」コラム。台湾で初めて出版された『ミシュランガイド台北2018』に台湾料理のレストランがあまり入っていないことについて野嶋剛が意見を述べている。

◆3　二〇一〇年一月二十三日中央社による報道。

台湾の小吃の起源と興隆

台湾は多元的なエスニックグループと多元的な文化を持つ移民社会であり、さまざまな飲食文化が台湾に伝えられ、融合し、創作されてきた。とくにそれがさまざまな庶民の小吃によく表現されている。

いわゆる小吃とは、本来の定義は正餐――台湾語では「正頓《ジアトゥン》」――の対義語であり、台湾では以前は「点心《ディアムシム》」と呼ばれていた。ある地域の住民が、当地の食材を使い、簡単な調理を加え、分量が少なめで価格が安く、いつでもどこでも売れる小吃を作り出していた。

台湾の小吃の起源と盛行は、おもに絶えまなくやって来る新移民がもたらしたものである。台湾に来たばかりの新移民には、生活が苦しいことから、故郷の食べものを作って売ることで生計を立てようとする人々がいた。また台湾の社会には元来、食いぶちは自分の腕で稼ぐ、という考え方があり、訳あって失業した人なども、屋台を出して小吃を作るという商売を選ぶことが多い。

台湾における最初期の福建・広東からの移民たちが山林を開墾し田畑を耕しているときにも、すでに天秤棒を担いでやって来て小吃を売る商売をする人々がいた。

それら泉州・漳州・福州・潮州、そして客家といった移民の集団は、それ

安価な台湾ステーキ「牛排」は台湾夜市の定番だ

ぞれ故郷の守護神の分霊を持ちこみ、新たな故郷に廟を立てた。廟は信仰の中心であるだけでなく、住民同士が交流し市を開くための場所にもなり、さまざまな小吃の屋台や小店もそこに集まるようになった。こうして、台湾各地に「廟口小吃」、廟の門前の小吃街ができたのである。

その後、人口の増加にしたがって各地に食材と惣菜を売る菜市場ができると、毎日人が食事のための買い出しにやって来るようになり、菜市場の周辺も小吃を商うのに向いた場所になった。

それぞれの地域で徐々に発展、進歩を遂げた後に、食材がより多様になり、調理はより複雑になることで、小吃はますます豊かに、精緻なものになっていった。やがて小吃は単に小腹を満たすだけのものでなく正餐にも当てられるようになり、さらにはレストランのメニューとしても出されるようになっていく。

今日の台湾では、各地の道端、市場、古い通りや廟の門前、夜市やデパートのフードコートなどに無数の屋台が広がっている。一般的でかつ人気のある小吃、たとえば担仔麵や滷肉飯などは大きなレストランや五つ星ホテル、さらには国宴のメニューとしても出されるようになった。

これとは逆に、レストランの高級メニューが小吃に変わることもありうる。たとえば滷肉飯の屋台にも小さな碗の「仏跳牆」が置かれていたり、キッチンカーで一人前ずつ北京ダックが売られたり、といった具合だ。夜市には安いステーキや鉄板焼き、刺身や寿司などが売られていることもある。その他、台湾における伝統的な補品である、各種の煮こみスープも、みな小碗に盛られて蒸籠に入れられ、夜市の小吃の屋台でさえも「進補」ができるようになっている。

台湾における小吃の多様化

台湾における小吃は食材によって米類・小麦粉類・豆類・肉類・海産・スイーツ・氷菓などに分けられる。最初は福建料理、客家料理に由来する食物、つぎに日本料理が加わり、戦後にはさらに中国各省の名菜が伝わった。今ではそれにヨーロッパやアメリカ、南米や東南アジアなど世界各地の料理が加わっている。それらが台湾で現地化しつつ発展充実することで、今日の目を奪わんばかりに輝く台湾小吃が作り上げられたのである。

例を挙げれば、タケアズキから作る「豆簽《タウチアム》」と呼ばれるめん状の食品は、もともと福建は泉州安溪の小吃だった。当地は海沿いではなく、ふつうヘチマと合わせてスープにされていたが、台湾に伝わった後は、カキやエビ、コウイカなどの海産物と合わせて台湾風味の「豆簽羹」となった。

台湾各地の特産物と調理法の違いは、同じ名前の小吃にさまざまな変化をもたらすこともある。

魚のすり身から作る魚丸にも、産地による魚種の違いから旗魚丸・鯊魚丸・鰻魚丸・鬼頭刀魚丸・虱目魚丸などがあるし、魚のすり身で味つけした肉そぼろを包んだ福州魚丸・淡水魚丸などもあれば、すり身で生の肉餡を包んだ創作の魚丸もある。

台湾の粽は肉入り粽一つとっても「頂港粽」（北部粽）、「下港粽」（南部粽）、客家粽、原住民族の粽などがある。台湾の香腸は、基隆廟口の「一口吃香腸」は親指ていどの大きさしかなく、台北は士林夜市の「士林大香腸」は肘から先ほどの長さがある。さらに屏東の沖にある離島小琉球の「蚊香香腸」は、ぐるぐると巻かれていて、長さは二メートルにも達する。

台湾の小吃の多様性は朝食からも見て取れる。世界各地と比較して、台湾の朝食は便利で安いだけでなく、無数の選択肢を持っている。これは多くの台湾人が当たり前に思っているからこそ気づかない幸福なのだ。台湾人の朝食は、米類と小麦粉類の食品が食べられるし、台湾式・中国式・日本式・西洋式・ベトナム式など何でもあり、甘いものも塩気のものも、乾いたものも汁気のものも、蒸したもの、ゆでたもの、煎り焼き、揚げ物、炭火焼きとあり、店内でもテイクアウトでもだいじょうぶ、大通りから裏路地まで、さまざまな朝食店が選び放題なのだ。

台湾の大多数の小吃は朝食から食べられる。それぞれの県や市には、台湾全土にある朝食のほか、地方の特色ある朝食もあるため、台湾人にとって朝食を食べることは一日のよい始まりなのだ。

台湾における「便当《ビエントン》」は台湾の小吃の延長にあたり、こちらも目を奪うほどのさまざまなバリエーションがある。台湾の伝統的な焢肉や排骨、鶏腿などの便当以外にも、香港式の焼臘（肉のローストやソーセージ類）もあり、そこに香港にもない副菜が加わっている。また日本式の便当だってある。

台湾の「便当」という言葉は日本から来ているものの、日本の弁当が盛りつけの美しさにこだわるのと比べて、台湾の便当は材料をたっぷり使った実質が強調され、メインの料理がしっかりあるだけでなく、あたたかい詰めたてなので、日本人にもたいへん人気がある。◆注／4

◆4　台湾では日本統治時代に蒸気鉄道の途中の駅で「便当」（ビエントン）売りが現れた。日本語の「弁当」に由来し、戦後に「便当」は華語に取り入れられた。こうした携帯に便利な蓋つき容器入りの食事のことを中国では「盒飯」と呼ぶ。香港では以前は「飯盒」と呼んだ。

台湾小吃の風味

もし仏教でいう「六根」(眼・耳・鼻・舌・身・意)と「六塵」(色・香・声・味・触・法)から飲食文化を語るならば、人類の飲食に関する記憶には、食物そのものの色・香・味のみにとどまらず、食物の外側にある声・触・法にあたる、人情、場所の雰囲気、懐かしさや郷愁、歴史や典故なども含まれていよう。

そうして見ると、たとえば小吃店が並ぶ通りで小吃を口にすると、その屋台や周りにいる人々、聞こえる音や空気などが、みな小吃を取り巻くものになっている。懐かしさや郷愁がそそられるのも不思議はない。

それぞれの地方の小吃は、その土地のエスニックグループ・歴史・文化・産業とかかわりがある。小吃の屋台が集中する古い通りや廟の門前には、かつての住民たちのどれほどの歴史が隠されているのだろうか?これは探索に値する。われわれが小吃の背景に物語を見つけるとき、単なる美味の外側にさらに文化の味わいも加わることになる。

そう、台湾にとって小吃は台湾自身の文化的資産であるだけでなく、旅行客を呼びこむ大事な観光資源でもあるのだ。

台湾で発明された外地・外国の料理

世界各地の料理が台湾に集まると、それらは自然と融合し、さらに創作が加わることで、新たな美味が作り出されていった。台湾の外の地域の料理や外国料理と名乗りながらも、現地にはないという料理たちである。

たとえば台湾の温州大餛飩は温州には見当たらず、台湾の川味紅焼牛肉麵は四川では見つからない。台湾には蒙古烤肉という焼肉料理があるが、モンゴルには同じような焼肉はない。台湾の四川料理店には五更腸旺という料理が置かれているが、四川にはこの料理はまったくない。台湾のタイ料理店にある月亮蝦餅も、本場タイにはない料理だ。

台湾はどのようにしてこれらの外地・外国の料理を「発明」したのだろうか？　そしてその背景にはどんな歴史と物語があるのだろうか？

温州大餛飩

台湾には中国各地の料理体系が集まっている。中国各地には内容は似通っているが名称の異なる食べものが存在する。たとえば小麦粉の薄皮で肉餡を包んだ食べものを、福建では「扁食《ピェンシッ》」、広東では「雲呑《ワンタン》」、四川では「抄手《チャオショウ》」、浙江や北方では「餛飩《フンドゥン》」と呼ぶ。台湾にはこれらがすべてあり、のちに華語では「餛飩」と呼ぶことがいちばん多くなった。

台湾において、もっとも多かったのは福建の漳州・泉州籍の人々であった。そのため最初期には「扁食」しかなかった。清代、日本統治時代の文献にはほとんど「餛飩」という言葉が出てこない。清末の『恒春県志《こうしゅんけんし》』（一八九四年）には「餛飩、俗名を扁食という」とあるが、これは編纂責任者の屠継善が浙江の出身であったためだろう。

扁食は肉餡を木槌で叩いて「扁（ひらたい様子）」にすることからついた名で、現在の餛飩より小さく、豚骨からとった高湯に入れ、濃厚さを求めたものだ。

戦後、台北に現れた「温州大餛飩」は、扁食に比べてぐっと大きく、スープは澄んでいて、紫菜（のり）、榨菜、錦糸卵などがのせられている。

浙江温州の人々は、一般的には戦後になってから台湾に渡ったと思われているが、じっさいには温州は福州から海沿いの北側に当たり、台湾から遠くないため、十六世紀以来台湾とは海賊も含めた海上交通の行き来があっ

た。清代の台湾文献にもわずかではあるが温州人が台湾に渡った記録がある。しかし大規模な台湾への移住があったのは日本統治時代になってからのことだった。

一九三〇年代、日本人は大量の温州人を招いて基隆で炭鉱の採掘、運搬に当たらせた。その一部は金瓜石の金鉱山でも働き、また基隆港で港湾労働者になった者もいた。今の基隆港西岸第六埠頭の裏側の山腹にあった宿舎にとくに集中して住んでいたことから、その一帯を基隆人は今でも俗に「温州寮」と呼んでいる。

その他、戦後にも多くの浙江人が基隆にやって来た。基隆の立法委員をつとめた劉文雄は温州人であったし、さらに一九五五年には浙江沿岸部の大陳島からの撤退作戦を通じて多くの移民があり、基隆は浙江人の台湾における本拠地となったのだった。

これらから見て、台湾の餛飩は最初期から

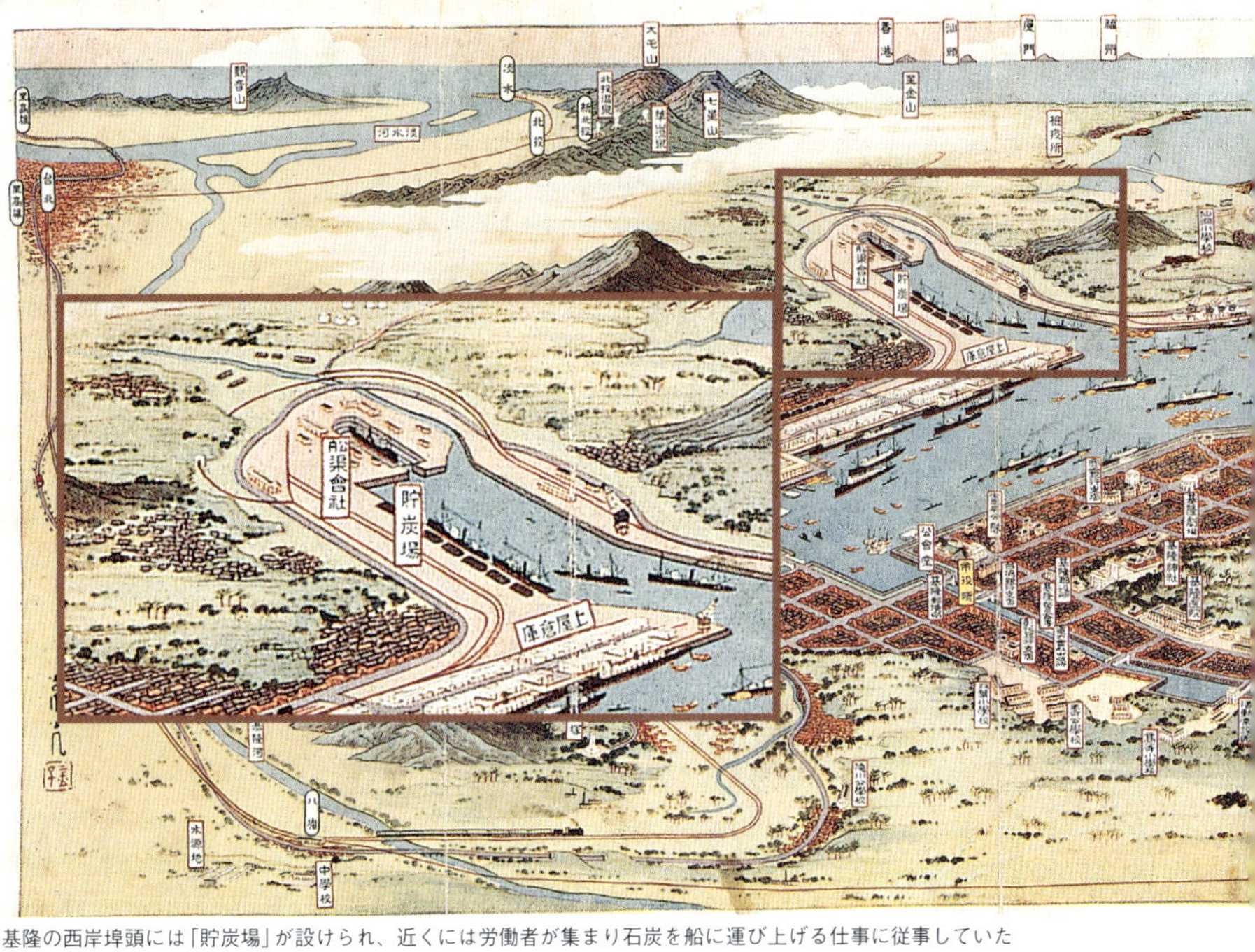

基隆の西岸埠頭には「貯炭場」が設けられ、近くには労働者が集まり石炭を船に運び上げる仕事に従事していた

浙江温州の人々によって伝えられ、おそらく基隆で売られるようになったと考えられる。飲食関連のブランディング、マーケティングのコンサルタントであり、自身も基隆の温州人の子孫にあたる劉蓓蓓の話では、おそらく基隆における浙江人の第二代、第三代が戦後になって台北で餛飩を売るようになったさい、わざと餛飩を大きく作り、「温州大餛飩」と名づけたのではないかということだ。

川味紅焼牛肉麵

台湾では伝統的には一般にはあまり牛肉を食べなかったが、戦後になって「川味紅焼牛肉麵」が現れたことで、牛肉を食べる流行が起こったといえる。今日では牛肉麵はすでに台湾における小麦粉食として代表的なものといえ、台北市政府は二〇〇五年から「国際牛肉麵節」を開催している。

この牛肉麵は台湾でどのように作り出されたのだろうか？　通説になっているのは、台湾大学歴史学科の教授であり、飲食文学作家であった逯耀東が唱えたものである。

長江の南北一帯には、どこも異なる形式と風味を備えた牛肉湯、牛肉麵があるが、「川味」を冠した紅焼牛肉麵は台湾の独創になるものであり、本場である四川にはこの味は決してない。戦後、四川の成都空軍学校が高雄の岡山に移ったさい、空軍にかかわる人々の多くは四川人であった。彼らは、四川の郫県をまねて岡山で豆瓣醬を作り、さらに成都にある豆瓣醬風味で煮こんだ「小碗紅湯牛肉」の作り方によって、台湾で「川味紅焼牛肉麵」を創作したのである。したがってその起源は岡山にあり、のちに台北で流行したのだといえる、と。

飲食コンサルタントの劉蓓蓓が二〇〇五年に台北市政府のために第一回の牛肉麵節を開催したさい、この逯耀東の説を引用し、台湾牛肉麵の起源を紹介した。

美食家梁幼祥も二〇一一年に出版した著作『滋味』の中で台湾牛肉麵の起源にふれている。「台湾大学教授逯耀東は岡山の外省からきた老兵が作ったという説を唱えており、また台北の中華路で生まれたという説もあるが、いずれにせよ確かなのは、老兵が退役した後に、糊口をしのぐため麵を商う屋台を出しそこで作り出された美味だということだ。」

台湾の牛肉麵は価格から見て、庶民の食事としては高級なものだ。今でもなおその発展は続いており、味つけでは、やはり川味紅焼が主流とはいえ、白湯で煮た清燉、トマト風味、カレー風味、沙茶《サテ》風味、麻辣などさまざまな味が現れ、牛肉自体に工夫したミニステーキ牛肉麵や和牛牛肉麵などが次々に現れている。

蒙古烤肉

蒙古烤肉は一九五〇年代に台湾に現れ、一時は盛行を究め、五つ星級のホテルのビュッフェでもこの料理が提供されていたほどだ。

蒙古烤肉は炭火を使って自分で焼く焼肉とは違い、もともとビュッフェスタイルに近く、客がまず肉と野菜、タレを選ぶと、料理人が丸い鉄板の上で炒め合わせる。セルフカスタムとでも言えるような料理だ。そして一般的には食べ放題の形式を取るので、たいへん人気があった。

しかし、こうした肉の食べかたはほんとうにモンゴル人のものなのだろうか？　そもそもまたどうしてはるか遠いモンゴルと台湾が関係するのかというと、実は蒙古烤肉は北京に祖籍を持つ、相声《シアンション》（日本でいう漫才に類する芸能）の名人として知られた呉兆南が台湾で創作したものだ。一九五一年、呉兆南は故郷北京の

「烤羊肉《カオヤンロウ》」をアレンジし、台北で蒙古烤肉という名で食べ放題の焼肉料理店を開いた。北方の大草原で食べられている焼肉の風味を想像させる名だ。

のちに呉兆南がテレビのインタビューを受けて由来を説明したことには、当時台湾では二・二八事件以来、戒厳令がしかれ、国民党政府に反対する勢力への弾圧が続いていたため「北京烤肉」「北平烤肉」と名づけることがはばかられた。そこで「モンゴル式バーベキュー」「蒙古烤肉」という名前を使うことを思いついたのだという。

台湾では二〇〇〇年代に孜然（クミン）を主な調味料にした「蒙古火鍋」も登場し、太祖チンギス・カンが食べた養生火鍋であると宣伝されたが、じつはこれも台湾で発明されたもう一つのにせもの「モンゴル料理」である。

五更腸旺

台湾の四川料理店でよく知られる料理「五更腸旺」は、台湾で数十年にわたって人気があり、四川料理店以外の、一般的な熱炒の店にもこの料理があり、今では海を渡ったアメリカの中国料理店でもメニューに載っている。

五更腸旺はブタの大腸・アヒルの血と漬物を主な材料にした麻辣風味の料理で、一見したところでは典型的な四川料理だが、正統の四川料理にはこの料理は見当たらない。のちに真相が明らかになったところでは、この料理は台湾の四川料理人が改良してできた「台湾式四川料理」であるということだ。

五更腸旺はもともと「五更腸血」と名づけられた。しかし「血」の字が縁起が悪いので、四川など中国の西南地域では「鴨血旺」のように血を「血旺」と呼ぶので、「五更腸旺」と改名したのだった。しかも「旺」には盛んになるという意味もあり、「腸」はまた「長」に通じ、長く盛んに続くという意味がこめられた。「五更」はもともと夜明け近くの三時から五時ころを指す言葉だが、ここでは「五更爐」、旧時、夜に使われていた小さな炉を意味する。この料理は弱火でゆっくりと煮こんで作り、テーブルに出すさいに小鍋の下に小さな火（アルコールランプ）を置いて温度を保つためだ。◆注／1

「五更腸旺」の原型は「毛血旺」という名の四川料理で、アヒルの血とその他さまざまな材料を煮こんで作る。「毛」はもともと「冒」の字で、四川で「冒菜」といえば、あらかじめ味つけした汁で煮て作る料理のことだ。五更腸旺が人気を博したために、今では同じ調理法で異なる食材を調理した「五更魚」、「五更蝦」といった料理も作られている。

月亮蝦餅

台湾のタイ料理店には「月亮蝦餅」という有名な料理がある。これも台湾で創作されたタイ料理なのだが、長らく台湾人にはタイ料理の小吃と見られている。

タイ料理には「トート・マン・クン」という料理があり、これもエビを叩いて餡にした料理だが、パン粉を

◆1 「五更爐」とは、古代の公子が夜に勉学に励むさい侍女が夜食を温めるのに用いたといわれる小さな炉のこと。顔真卿の「勧学」詩に「三更の灯火 五更の鶏　正しく是れ男児読書の時　黒髪にして知らず 勤学の早きを　白首にして方めて悔ゆ 読書の遅きを」とあるのに拠る。

つけて油で揚げ、日本のコロッケにも似た形なので、月亮蝦餅とはかなり違う。

月亮蝦餅はエビを餡にするところまでは同じだが、春巻の皮で上下から挟んで薄く整え、少なめの油で両面を黄金色になるまで煎り焼き、できあがりの形は満月のように丸くなる。できあがった蝦餅はふつうピザのように八つに切り分け、尖ったほうを外に向かって盛りつけてタイ風のスイートチリソースの小皿を真ん中に置けばできあがりだ。

今では台湾で発明されたこのにせ「タイ料理」は、トート・マン・クンよりも台湾人から好まれている。

月亮蝦餅

訳者あとがき

「台湾に行ってきたの、いいなあ！　おいしいものいっぱいありますよね」

そんなふうにうらやましがられるようになってから、もう十数年になる。たしかに今の日本から台湾への興味は「食」に集中している。ガイドブックや雑誌でも、とにかく目立つのは食べものに関する記事だ。だとすれば、その食を入口に台湾の歴史に迫る本書は、「おいしい」から次の一歩を踏み出すのに最適の一冊といえる。

本書の原題は『吃的台湾史　荷蘭伝教士的麵包、清人的鮭魚缶頭、日治的牛肉吃法、尋找台湾的飲食文化史』、そのまま訳すと『食べる台湾史　オランダ人宣教師のパン、清人のサケ缶詰、日本統治時代の牛肉の食べ方、台湾の飲食文化史を探る』となる。

共著者二人は、曹銘宗が作家としての立場から「疑問」つまり書くべきテーマを考え、翁佳音が研究者としての調査技法を駆使して「解答」すなわち書くべき内容を決め、さらにそれを曹銘宗が一般の読者に伝わるように書き直す、という形式で本書を執筆した。このような執筆の過程を経たからこそ、多くの一次資料に当たり、かなり大胆に自説を展開し、他の本に見られない内容が多いにもかかわらず、何の知識のない状態からでも読めるという本になっている。

台湾の歴史として一般的にもっとも多く紙幅が割かれるのは、鄭氏時代から清朝初期にかけてと日本統治時代だろう。それに対して本書は特にオランダ・スペイン統治時代に着目し、さらにそれ以前の時代についてもしばしば取り上げる。

そのさい先住民族を含めて台湾の文化全体を考え、さらにそれを台湾の内部だけで固定したものと見ず、

「オーストロネシア語族文化圏」を想定する。東南アジアを含めた広い地域の中で流動性があり、影響し合ったものとして考えている。

また華人についても、とりわけ福建から広東にまたぐ「漳州・泉州・潮州文化圏」の影響を強調する。それが清朝とその後の日本統治時代を経て、福建出身者の側と広東出身の「客家」の側にそれぞれ吸収されてしまい、現在では見えにくくなってしまっていることは、民間信仰や演劇・芸能の分野の研究からも指摘されている。本書は食文化に焦点を当てて同様のことを想定し、台湾の文化の基層を探る試みをしているのである。

もちろん日本統治時代にもふれるところはあるが、それはしばしば一般的に定着した説を解体、再構成するためという部分が大きい。たとえばからすみについては、現在の製法は日本統治時代から伝わるものではあっても、清代前期にすでにボラの卵を塩漬けして乾かし「烏魚子」と呼ばれていたことが書かれている。これは日本におけるからすみの歴史を考える上でも重要な指摘だろう。

タピオカ入りのミルクティー「珍珠奶茶」はもちろんごく近年に定着したものだが、本書の方法に従えば、そこには前近代からあるサゴパールやサツマイモでんぷんから作っただんご「粉円」などへの嗜好が基礎になっていることが分かる。

台湾でよく食べられる「三杯鶏」についても同様で、名称とレシピが一般化したのは歴史が浅くとも、そこに使われる生姜、ごま油、米酒は前近代から風味が好まれ、体を温め産後の女性の体の回復を補う効果が認められていたことのほうに重点を置く。

魚や魚卵の塩蔵食品と魚醬についても章をまたいで取り上げられている。とくに魚醬の製造と使用については、台湾では近世まではかなり一般的で、沿岸部では自家製もしばしばしていたが、近代にかけて醬油の生産規模の拡大によって淘汰されていったことが書かれており、その様相は日本各地とも重なる。そして台湾で「鰹節」や「沙茶醬」が今でも使われているのは、魚由来の香りやうまみが親しまれてのことなのだろうと分かるようになる。

一つひとつの料理にまだ名前のなかったころ、台湾に住む人々は何を食べていたのか、ある食材をいかに食べていたのか、文献をたどりながら考える本書の方法は、通読することで反復しながら深く理解できるようになっている。

本書には参考文献一覧が設けられていない。そこで本書を読了した後、さらに興味を持たれた方に向け、近年出版されたものに絞って書籍を紹介しておきたい。いずれも台湾人の著者の手になり、その語りに耳を傾け、台湾の食文化に敬意を払って日本語に訳された本たちだ。

研究書のジャンルとしては、陳玉箴著、天神裕子訳『「台湾菜」の文化史：国民料理の創造と変遷』（三元社、二〇二四年六月）がある。本書は日本統治時代に「台湾菜」という名称が使われるようになったことを大きなインパクトとしてとらえるが、これはそれ以前の状況への的確な考察あってこそだろう。著者は名称と実質の両面から精緻に「台湾菜」「台湾料理」の確立を考察している。

また台湾の飲食について、文学作品としてのアプローチを試み続ける作家たちもいる。焦桐は台湾の飲食文学を代表する作家の一人だ。焦桐著、川浩二訳『味の台湾』（みすず書房、二〇二一年十月）は六十種の台湾の料理や飲料を取り上げ、著者自身のライフヒストリーも交えて、現代と近代以前の台湾の食をつなげている。

さらに洪愛珠著、新井一二三訳『オールド台湾食卓記─祖母・母・私の行きつけの店』（筑摩書房、二〇二二年十月）も見逃せない。そこでは食の記憶を料理の形で受け継ぐことが巧みに描き出されている。

そして小説として、日本統治時代の台湾の食をストーリーテリングに深くからませた楊双子著、三浦裕子訳『台湾漫遊鉄道のふたり』（中央公論新社、二〇二三年四月）もここに挙げられよう。

本書の編集担当は善元温子さん。編集から本文の組版、校正にわたる三面六臂の働きに感謝したい。

訳者は二〇二三年八月に妻と娘と三人で台湾を訪れ、高雄・台南に滞在する機会があった。高雄に住む年来の友人林志鴻は、まだ幼稚園に通っていた娘が初めての台湾を楽しめるよう気遣ってくれた。また高雄出身のライター郭銘哲氏は、一面識もない訳者に時間を割き、高雄をはじめ台湾の食文化についてさまざまにレクチャーして下さった。短い滞在だったが有形無形に本書の翻訳に活きている。とくに記して感謝を述べたい。

著者である翁佳音・曹銘宗のお二人には、訳了までに直接教えを乞うことが叶わなかった。これはぜひ本書が出版された後に期したい。

二〇二五年二月末日　京都・河原町丸太町の小さな台湾こと「微風台南」にて

川　浩二

豚レバー史話

p176：杉房之助、林久三『会話参考台湾名詞附台湾料理法』（台北：博文堂、明治36年〈1903〉）。翁佳音提供。

滷肉飯とその仲間たち

p183：https://commons.wikimedia.org/wiki/File:Takuan_by_mdid.jpg（mdid、2021/09/02ダウンロード）

p185　右：曹銘宗撮影。

p185　左：https://commons.wikimedia.org/wiki/File:Cubed_Pork_with_Rice.jpg（kawanet、2021/09/02ダウンロード）

p188：曹銘宗撮影。

青椒はなぜ「大同仔」と呼ばれるのか？

p191：曹銘宗撮影。

p195：https://commons.wikimedia.org/wiki/File:%E9%BA%9F%E6%B4%9B%E9%9A%98%E5%AF%AE%E7%87%9F%E5%8D%80%E7%9A%84%E6%88%B0%E4%BF%98%E7%B4%80%E5%BF%B5%E7%A2%91.jpg（Outlookxp、2021/8/20ダウンロード）

魚缶詰小史

p199：編集者撮影。

台湾素食小史

p207：翁佳音提供。

貧しかった時代の飯のおかず

p212：曹銘宗撮影。

台湾はいかにして小吃王国となったか

p216：https://commons.wikimedia.org/wiki/File:Pagebanner_of_Taiwan_night_markets.jpg（Yuriykosygin、2021/09/02ダウンロード）

台湾で発明された外地・外国の料理

p222-223：「基隆市大観」国立台湾歴史博物館提供。

p228：https://commons.wikimedia.org/wiki/File:%E6%9C%88%E4%BA%AE%E8%9D%A6%E9%A4%85.JPG（Fcuk1203、2021/9/9ダウンロード）

魚や肉の加工品

p115：https://commons.wikimedia.org/wiki/File:Taiwanese_aborigines_hunting_deer.jpg (2021/6/30ダウンロード)
p118：国立台湾大学図書館所蔵。

食補

p126：https://commons.wikimedia.org/wiki/File:5e%E8%AB%B8%E7%BE%85%E7%B8%A3%E8%95%AD%E5%A3%A0%E7%AD%89%E7%A4%BE%E7%86%9F%E7%95%AA.jpg (2021/7/13ダウンロード)
p128：Formosa [Taiwan].Wellcome Collection.。Wellcome Library所蔵。パブリックドメイン。《開放博物館》掲載。[https://openmuseum.tw/muse/digi_object/864b9cc60fca19b09a757ff0d9d9a01a#17400] (2021/09/21閲覧)。

辛いものを食べる

p136：https://zh.wikipedia.org/wiki/File:Capsicum_annuum_-_K%C3%B6hler%E2%80%93s_Medizinal-Pflanzen-027.jpg(2021/7/13ダウンロード)
p141：杉房之助、林久三『会話参考台湾名詞附台湾料理法』(台北：博文堂、明治36年〈1903〉)。翁佳音提供。

【二部】

大航海時代の帆船における食事

p149：https://commons.wikimedia.org/wiki/File:Mauritius_-_Detail_uit_Het_uitzeilen_van_een_aantal_Oost-Indi%C3%ABvaarders_van_Hendrick_Cornelisz_Vroom_(1600).jpg (2021/7/19ダウンロード)
p150：https://en.wikipedia.org/wiki/File:Manuel_Fernandes_-_Livro_de_Tra%C3%A7as_de_Carpintaria_-_500_tonne_galleon.jpg (2021/7/19ダウンロード)
p152：早稲田大学図書館。https://www.wul.waseda.ac.jp/kotenseki/html/ne03/ne03_03827/index.html?fbclid=IwAR0YUug6IKVKcyL98PDu7Z7PjBT2IZE5NJwyEYFx4UarARtOeP4TaGCLsI

虱目魚の養殖はいつ始まった？

p155：イラスト：林哲緯。
p159：https://commons.wikimedia.org/wiki/File:%E6%BE%8E%E6%B9%96%E7%9F%B3%E6%BB%AC_2.jpg (曾宥輯、2021/8/12ダウンロード)

台湾における牛肉食の四百年

p164：山根勇蔵『台湾民族性百談』(台北：杉田書店、昭和5年〈1930〉)
p165：林久三『台湾料理之栞』(高雄：里村栄、大正1年〈1912〉)
p166：台湾軍経理団「黄牛肉の軟化調理法に就て」《経友》第4巻第11号1935-11-06

台湾における鶏肉史

p172：所蔵：国立中央図書館台湾分館。デジタルデータ所蔵：中央研究院台湾史研究所アーカイブ。クリエイティブ・コモンズ非営利3.0台湾 (CC BY-NC 3.0 TW)。《開放博物館》掲載。[https://openmuseum.tw/muse/digi_object/14dd4f4d5aa5bfe852e803d4f6a1147b#5077] (2021/08/12閲覧)。

酒

p70：李亦園撮影、1956年、新竹県五峰郷にて。中央研究院民族学研究所提供。
p75　左：所蔵：中央研究院。デジタルデータ所蔵：中央研究院デジタル文化センター。パブリックドメイン。《開放博物館》掲載。[https://openmuseum.tw/muse/digi_object/bdf062ec3f604942d36550f6bec0074a#7868]（2021/07/05閲覧）。
p75　中央：所蔵：中央研究院。デジタルデータ所蔵：中央研究院デジタル文化センター。パブリックドメイン。《開放博物館》掲載。[https://openmuseum.tw/muse/digi_object/920734b63d8651a2f0192486d9024b71#7867]（2021/07/05閲覧）。
p75　右：所蔵：中央研究院。デジタル所蔵：中央研究院デジタル文化センター。パブリックドメイン。《開放博物館》掲載。[https://openmuseum.tw/muse/digi_object/b13f2caf516a730876db8dba2570d8df#7871]（2021/07/05閲覧）。
p77：所蔵：中央研究院。デジタルデータ所蔵：中央研究院デジタル文化センター。パブリックドメイン。《開放博物館》掲載。[https://openmuseum.tw/muse/digi_object/9d8c89b245be1e4d38d13583182c7e8a#7886]（2021/07/05閲覧）。

冷菓と冷たい飲料

p84：国立台湾大学図書館所蔵。
p85：李梅樹『氷果店』所蔵：李梅樹紀念館|Li Mei-shuMemorial Gallery。クリエイティブ・コモンズ表示4.0国際（CC BY-SA 4.0 International）。《開放博物館》掲載[https://openmuseum.tw/muse/digi_object/4cf6046050da6e974da164f51bb533cb#17439]（2021/07/05閲覧）。
p86：原図は中国の画報。Reed College Digital collection：https://rdc.reed.edu/c/formosa/s/r?_pp=20&s=4a08d8c5c485909827f8ad47a3808b0bc5abb84b&p=172&pp=1

茶

p94, 95：オランダ国立図書館。
p96：Reed College Digital collection：https://rdc.reed.edu/c/formosa/s/r?_pp=20&s=4a08d8c5c485909827f8ad47a3808b0bc5abb84b&p=120&pp=1
p98：Lafayette Digital Repository所蔵。http://digital.lafayette.edu/collections/eastasia/lewis-postcards/lw0181（2021/07/05表示）。

糖

p102：翁佳音提供。
p104：翁佳音提供。
p105：所蔵：国立中央図書館台湾分館。デジタルデータ所蔵：中央研究院台湾史研究所アーカイブ。クリエイティブ・コモンズ非営利3.0台湾（CC BY-NC 3.0 TW）。《開放博物館》掲載。[https://openmuseum.tw/muse/digi_object/f785b5b4343185d0d7b20eca07715e1d#5681]（2021/07/07閲覧）。
p106：所蔵：国立中央図書館台湾分館。デジタルデータ所蔵：中央研究院台湾史研究所アーカイブ。クリエイティブ・コモンズ非営利3.0台湾（CC BY-NC 3.0 TW）。《開放博物館》掲載。[https://openmuseum.tw/muse/digi_object/e614787fadcbccbcdfeb7d144faea80b#5605]（2021/08/11閲覧）。
p107：所蔵：国立台湾歴史博物館。デジタルデータ所蔵：国立台湾歴史博物館。クリエイティブ・コモンズ非営利3.0台湾（CC BY-NC 3.0 TW）。《開放博物館》掲載。[https://openmuseum.tw/muse/digi_object/1bf589baf738473d32a5a8708d97c10f#101610]（2021/07/07閲覧）。

画像クレジット

【一部】
米

p30：Reed College Digital collection：https://rdc.reed.edu/c/formosa/s/r?_pp=20&s=4a08d8c5c485909827f8ad47a3808b0bc5abb84b&p=200&pp=1
p32　右：https://commons.wikimedia.org/wiki/File:%E0%B4%AC%E0%B4%B8%E0%B5%81%E0%B4%AE%E0%B4%A4%E0%B4%BF_%E0%B4%85%E0%B4%B0%E0%B4%BF.JPG（Sadik Khalid、2021/6/30ダウンロード）
p32　中央：https://commons.wikimedia.org/wiki/File:Hinohikari_hulled.jpg（2021/6/30ダウンロード）
p 32　左：https://commons.wikimedia.org/wiki/File:Oryza_glutinosa_beras_ketan.jpg（Taman Renyah、2021/6/30ダウンロード）
p35　右：https://ja.wikipedia.org/wiki/%E3%83%95%E3%82%A1%E3%82%A4%E3%83%AB:Electric_Rice_Cooker_1956.jpg（2021/6/30ダウンロード）
p35　左：https://commons.wikimedia.org/wiki/File:Tatung_TAC-10LSI_20151020.jpg（Solomon203，2021/6/30ダウンロード）
p36：立命館大学より：https://ukiyo-e.org/image/ritsumei/arcUP4408?fbclid=IwAR3-i3y_EyDjdKFvHe4aSgSPbNFa2dCX23VNU6H_KbdQVnsLhLT0npdTv4s

麵

p41：小川尚義主編『台日大辞典』（台北：台湾総督府、1931-1932）より。
p44：曹銘宗撮影。
p45：https://commons.wikimedia.org/wiki/File:Us_aid_to_taiwan.png（Stvn2567、2021年8月10日ダウンロード）
p46：曹銘宗提供。

調味料

p49：https://commons.wikimedia.org/wiki/File:%E9%A3%9F%E8%8C%B1%E8%90%B8.jpg（Shih-Shiuan Kao、2021/8/30ダウンロード）
p50：https://commons.wikimedia.org/wiki/File:Litseacubebaflowers.jpg（LiChiehPan/Flickruser:plj.johnny、2021/8/30ダウンロード）
p54：曹銘宗撮影。
p55：曹銘宗撮影。
p56　上：https://commons.wikimedia.org/wiki/File:%E3%80%8AKaartje_van_Tamsuy_en_omleggende_dorpen,_zoo_mede_het_eilandje_Kelang%E3%80%8B.jpg（JoanNessel、2021/9/17ダウンロード）
p56　下：翁佳音提供。
p59：https://commons.wikimedia.org/wiki/File:%E5%89%B5%E6%A5%AD%E2%91%A0_%E7%99%BA%E5%A3%B2%E5%BD%93%E6%99%82%E3%81%AE%E3%80%8C%E5%91%B3%E3%81%AE%E7%B4%A0%E3%80%8D%E7%93%B6.jpg(Ajinomoto Co., Inc.,、2021/7/19ダウンロード)
p62：国立台湾大学図書館所蔵。
p65　左：杉房之助、林久三『会話参考台灣名詞附台湾料理法』（台北：博文堂、明治36年〈1903〉）。翁佳音提供。

【著者】

翁佳音（おう・かおん）

中央研究院台湾史研究所副研究員、国立政治大学、国立師範大学台湾史研究所兼任副教授。16世紀から18世紀にかけての台湾史、東アジア史、及び史学理論、歴史民俗学などが専門。オランダ語とオランダの文献研究に通じる。編著書『大臺北古地圖考釋』は、18世紀中葉にオランダ人が北台湾を調査、記録した古地図に関する解読研究であり、早期の台湾史に関する重要な史料となっている。

訳書および著作に『荷蘭時代：臺灣史研究的連續性問題（オランダ時代：台湾史研究の連続性問題）』、『荷蘭臺灣長官致巴達維亞總督書信集（オランダ台湾長官がバタヴィア総督へ送った書簡集）1』、『解碼臺灣史1550-1720（解読台湾史1550-1720）』（共著）、『大灣大員福爾摩沙：從葡萄牙航海日誌、荷西地圖、清日文獻尋找台灣地名真相（大湾、大員、フォルモサ：ポルトガル航海日誌、オランダ・スペイン地図、清国・日本の文献に探す、台湾の地名の真相）』（曹銘宗との共著）などがある。

曹銘宗（そう・めいそう）

台湾・基隆出身。国立東海大学歴史学部卒業。米国ノース・テキサス大学大学院ジャーナリズム修士。作家、講師、ツアーガイド。台湾の大手新聞《聯合報》の文化部記者及び編集長、国立東海大学中文学部兼任講師などを歴任。「回來做番：當代平埔的族群認同與文化復興（原住民に立ち返る：現代平埔族のエスニックアイデンティティと文化復興運動）」、「檳榔西施的文化觀察（檳榔ガールの文化的観察）」「デジタル@文化.tw」等の一連のルポで、「吳舜文新聞獎（呉舜文ジャーナリズム賞）」の「文化專題報導獎（文化報道賞）」を3度受賞。

台湾の歴史、文化、民族、言語、人物に関する40作以上の著作がある。主な著書に、『台灣史新聞（台湾史ニュース）』、『蚵仔煎的身世：台灣食物名小考（牡蠣オムレツの誕生：台湾の食べ物の名前に関する考察）』、『花飛、花枝、花蠘仔：台灣海產名小考（花飛、花枝、花蠘仔：台湾の海産物名に関する考察）』、『大灣大員福爾摩沙：從葡萄牙航海日誌、荷西地圖、清日文獻尋找台灣地名真相（大湾、大員、フォルモサ：ポルトガル航海日誌、オランダ・スペイン地図、清国・日本の文献に探す、台湾の地名の真相）』（翁佳音との共著）、『激骨話：台灣歇後語（激骨話：台湾のかけ言葉）』などがある。

【翻訳】

川浩二（かわ・こうじ）

文学者、翻訳家。神戸市外国語大学外国語学部中国学科准教授。1976年東京生まれ。専門は中国近世の文学・文化。訳書に『図説中国文明史10　清　文明の極地』（創元社）、『中国演劇史図鑑』（共訳、国書刊行会）、崔岱遠『中国くいしんぼう辞典』、焦桐『味の台湾』（以上みすず書房）などがある。

吃的台灣史
by 翁佳音、曹銘宗

The history of eating in Taiwan: Finding Taiwan's food culture in the bread from the Dutch missionaries, the canned salmon of the Qing dynasty and the way of eating beef under the Japanese colonial

Original Complex Chinese edition published by Owl Publishing House, a division of Cite Publishing Ltd.
Japanese translation rights arranged with Owl Publishing House, a division of Cite Publishing Ltd.
Tai-tai books, Japan

［図説《ずせつ》］食《しょく》からみる台湾史《たいわんし》

料理《りょうり》、食材《しょくざい》から調味料《ちょうみりょう》まで

2025年4月8日　第1刷

著者…………翁佳音《おうかおん》、曹銘宗《そうめいそう》

訳者…………川浩二《かわこうじ》

装幀…………大宮《おおみや》デザイン室《しつ》

発行者…………成瀬雅人
発行所…………株式会社原書房

〒160-0022 東京都新宿区新宿1-25-13
電話・代表03（3354）0685
http://www.harashobo.co.jp
振替・00150-6-151594

印刷…………シナノ印刷株式会社
製本…………東京美術紙工協業組合

ISBN978-4-562-07525-6, Printed in Japan